JN097288

ＩＱもＥＱも高める和の子育て

生まれくる命は全てＧＩＦＴＥＤ

石川英子

序

手に取っていただいてありがとうございます。本書は4人の子供を産み育てた母として子育ての秘訣や知っておけばよかったあれこれを次の世代へのバトンタッチとして残します。学者さんたちと論議するためではなく、日々子育てに奮闘する親御さんたちに、昔の人たちはこんなことを考えていたんだと知ってもらいたい、子育てに自信をもって暮らしてほしい、そういう思いで書きます。イギリスで出産した経験から各国によって子育て事情はずいぶん違うのに、何でも西欧のものを取り入れようとするのは間違いだと伝えたい。日本の子宝思想は和食と同様、世界に冠たる人間としての理想を実現しようとしていたのだと思います。捨ててはいけない。世界で最も道徳心の高い国民を育ててきた日本の先人たちの知恵、深い思いを伝えなければもったいない。そして長男が飛び級に入ったことをきっかけに私も京大大学院に入りなおし、才能教育や教育史、子育て思想について学んだことで、さらに日本の子育ての確かさを確信しました。思考は現実化する、ミラーニューロンなど今更科学的に分かったと言われることも日本の先人たちはとっくにわかっていて、言葉はことほぐものだから良い言葉を使う、人はされるようになるのだから、互いに敬意をもって接する、人はお互い鏡なのだから良き人の側に、などと心を配ってきた。世界史の中で日本は世界史の優等生と言われるゆえんは子育てにあると強調したい。

それぞれの民族が長い時間をかけて結い上げてきた子育て文化はそれぞれの気候や風土、歴史の中で最適解を探して今に至るのであろう。命は人間だけでなく植物や動物たちとともにこの地球の上で共存してきたわけで、万物の霊長たる人類は地球やその上の生物すべての生存に責任を持っている。日本の子育ては生きとし生けるものすべて意味があり価値があるとして、生かしあう和の文化の基礎を育ててきた。特に万葉の昔から子供は金銀宝よりも大切な宝であると理解し、暦にも暮らしの中でも赤ちゃんを中心にした仁の心を育ててきた。姑息の愛に気を付けよ、あまりに厳しくしてその子本来の性質をくじくなと多くの子育て書を書き残している。命惜しむな名を惜しめと気高く生きる伝統をつないできた。人間の理想を求めて培ってきた和の子育てを世界中に広めていくことが、世界平和へと貢献する遠いようで近道なのではないだろうか。

およそ150年前に西洋の文化文明との遭遇以来、わき目も振らずに摂取吸収し、明治の初めに海外に学び直接勉強をしてきた人たちは「和魂洋才」本当によきものだけを導入しようと努めてきた。だが先の敗戦以来日本の伝統文化歴史が顧みられることはなく、西洋文化最上のような西洋かぶればかりになって和の子育てが忘れられ、自己愛型利己主義者が増えてきた。子育てにおいてそれは端的に表れてきて、児童虐待、いじめ、不倫が多発するようになってきた。家庭こそが信義誠実の泉であり、子供たちの心に人間に対する絶対的信頼、正義感、共感力、想像力，創造力を養うところである。そこにひび割れができてきたのは先人の努力に対して申し訳ないし、子孫たちの行く末が案じられる。

江戸時代、貝原益軒は「教えは早ければ早いほど良いが、遅くなると成長して内には自らの欲望に勝てず、外には流行に流されやすくなり、志をもって強く生きることができなくなる」と。辛抱我慢がきかず、好き嫌いで判断する人が多くなるとは自己愛型人間が多くなる。敗戦の混乱以降、食べていくのに必死で家庭での教えが後回しにされ、放任型が多くなり、戦後の世相を形成してきたのかもしれない。私たちは日本酒や日本食の良さを回復してきたように、そろそろ日本の子育ての良さに目覚めていこう。

福沢諭吉は暴政を嫌うなら直ちに懸命に勉強し、賢い一人一人の国民にならねばと書いている。賢いだけではなく、心優しい正義感ある人間を育てていく。先進国全体の問題として少年たち、青年たちがゲームに心を奪われ、成績が振るわなくなってきているという。明治維新以降、日本の受験システムにゲームが加わり、若者たちが自分の頭で考え、知恵を働かせ、先人の知恵に学び、未来社会への責任を考え、文武両道に励む時間も心のゆとりも失くしてしまった。母たちはこの時世に負けないで、賢く心優しい真の人間らしい人間を育てていこう。先人たちの金言を支えにして。

戦後、父親は仕事に没頭し、子育てが母親任せになり、父性に触れることなく育つ子供たちは社会の厳しさや、大人への通過儀礼を経ることなく成長し、打たれ弱くなった。引きこもりの多くは経済力と優しい父親の二つの条件がそろうと起こりやすいそうだ。母親だけでは健やかな子育ては難しい。子どもたちには母性も父性も必要だ。世界で最も道徳心があり、世界で最も勇敢で潔い男らしい武士の末裔たちの未来に向けて、私たちはもう一度日本の子育てを取り戻そう。

目次

七　どんな困難があっても子供は立派に育てたい、育つ！

一　子宝、子育ち、親育て　思考は現実化する

ＩＱもＥＱも高める知恵

1 「銀も金も玉もなにせむに　まされる宝　子にしかめやも」
宝と思って育てれば宝

『万葉集』８０３番、山之上憶良作。どんな宝よりも子供ほど優れて尊いものはないと。赤ちゃんはかよわいけれど、可能性の塊。まわりのすべてを信頼し全てに身をゆだねて眠る姿は美しい。この子のためなら何でもやろう、この子に恥ずかしくない生き方をしようと親の心を清めてくれる。この宝ほど親の心を磨いて勇気をくれるものはない。江戸時代初期、中江藤樹は宝には2種類あるのだと言った。世の中にある金銀宝石よりももっと尊く、貧富の差や知識云々の差に関係なく、人として最も価値あるものは心の明徳という宝で、それを磨き品性を高めることは貧富に関係なく誰にもできる。そしてその宝の方がはるかに価値あるものなのだと。

最近の研究でも思考は現実化するという。言葉はことほぐものだからと善きことだけを口に出し、縁起の悪いことは言わない、思わないという言霊信仰も結局それは正しかった。世の中で一番大切な仕事は子育てである。どんなこともそうだが、嫌々やったら効果は10分の一、やる気でやったら効果は10倍、その差は１００倍。

戦前の日本の子供たちの知能指数が高いのは日本人が魚を食べているからではないかとイギリスの研究者が発表したこともあるそうだが、その答えは縄文時代から続く平和な社会で子供たちを愛し、慈しんできたからだ。実際最近の脳科学研究によっても、愛情深く育てることでＩＱは30上がる、思慮深い人であればさらに上がると。侵略したりされたりでは子供を慈しむゆとりがない。縄文一万年の平和が育てた和の文化である。心の知能指数ＥＱも思いやりと正義感の高さで世界一道徳心の高い民族と言われていた。日本人の子供に対する接し方は500年前にも西洋人を驚かせた。ムチを惜しむと子供をだめにすると言われていた西洋人からしたら、ムチを使わず言葉だけでいさめる、子供自身の判断力を育てる日本の子育ては驚きであったろう。植物を育てた経験のある人ならわかるだろうが、種や苗を植える時、たっぷりと水をあげることが大事なように、三つ子の魂百までもという言葉は真実を語っている。人任せでなく、親の心からの愛情をたっぷり受けることがまず人としての魂、優しさ、正義感、公平、公正、想像力、創造力を育てる。宝と思いながら育てることを捨ててしまって、西洋の真似をして子供たちを未熟者などと侮ってはいけない。35年前のイギリスオックスフォードの駅前にNo Child Abuse（児童虐待止めよ！）の大きな立て看板があり、よそ事と思っていたが日本でも多発するようになってきた。ヨーロッパにいたとき、「日本には長く深い伝統歴史文化がある。アメリカには歴史がない。なのになぜ？」と聞かれ、答えられなかった。35年学んできてようやく理解した。ご先祖様が残してくれた歴史伝統文化を捨てるのはもったいないと。そして伝統は民族の知恵の結晶なのだと。

2　子孫を思って名を遺せ　子孫に思いをつなぐ

今ある自分の命よりも未来の子孫たちに思いをはせて見苦しい生き恥をさらすことは選ばなかった戦国時代の武士たちの家訓に残されている言葉である。今さえよければ、自分さえよければというのが、民主主義的社会の特徴であるとフランスのトクヴィルは書いている。自分さえよければという人間は未熟な三流人間にすぎないとアール・ナイチンゲールは『人間は自分が考えているような人間になる』で書いている。明治以降日本人が必死で学び吸収してきた資本主義社会というのは一部の資本を持つ人たちの私利私欲を追求するだけの社会で、資本を持たない人々も互いに競争して自分さえよければの社会を為すことになった。かつて先人たちの子孫たちへの思いをつなぐ生き方は精神の貴族といえたのに。自分さえよければ、今さえよければ、ではいずれ自分すらよくなくなる。最新の脳科学でも、より多くの人へ、より未来の子孫への配慮ができる人こそが真に頭がよく、運もよくなるという。『ザビエルの見た日本人』を書いたピーター・ミルワードによると、一般の日本人はザビエルの見たように善良そのもので、清貧の文化によって、先の大戦で国を破壊され、自分たちの国の政治家によって先の見通しのない再建が行われているにもかかわらず、物質的な回復に邁進している。しかし政治家や商人たちが世界の富裕な国々の仲間になると成金趣味に転じてかつての審美眼や我慢強さを失ってきつつあると。

明治維新以後、「仏様なんてほおっておけ」などと先人への畏敬の念を忘れた人や、「子供なんて口きくまでは何をしたってわからない」などと胎教どころか三つ子の魂百までもという言葉も忘れた人が出てきた。先人のこれまでの努力のおかげで今があることを忘れ、今の行いが未来を生きる人の将来を決めることを忘れている。ただ自分さえよければ、今さえよければの人が多くなってくると自己愛型社会となってしまう。より多くの人へ、より未来の子孫への配慮が無くなってきた。

かつて、渡辺崋山、佐久間象山、山田方谷、横井小楠、中村正直、吉田松陰、西郷隆盛などに強い影響を与えた佐藤一斎の『言志四録』には「当今の毀誉はおそるるに足らず、後世の毀誉はおそるるべし。一身の得喪はおもんぱかるに足らず、子孫の得喪はおもんぱかるべし」と、自らがけなされたり、ほめられたりすることには気にする必要はないが、子孫の名誉は守るべし。自分自身の損失は思いめぐらす必要はないが、子孫にとっての損失はよくよく考えねばならないと説いた。百年後の日本人が世界を肩で風を切って歩けるようにと願いを込めた特攻隊の志を忘れまい。

３　子育ては朝日を拝むように　命への畏敬、感謝

山名文成『農家訓』１７８４年より。子育ては天からのミッション、神様からの預かりものだから、大切に宝物を育てるように。でもだからと言って玉と育てて後に勘当ということのないよう、甘やかしすぎてもいけない。助長のように先走って才能を引っ張り出すような強引な教育も才能の芽を枯らしてしまう。朝日を拝むように、まっすぐな心で守り育てる。その子の才能の芽はどこにあるか、何を喜びとしているか、じっと見守ってそっと手助けしていく。昔の人は「口で言えば口で答えるだけだから、心の底に包みおきて態度で示していくのみ」と言っていた。まだ言葉を話す前の子供たちは全身で感じ取っている。頭はごまかされるけれど、心はごまかせないと『アナと雪の女王』で語っていたが、その心はここで育まれる

のだと思う。両親の生活態度が子供の良心を育てる。三つ子の魂百までもというのはこの時なのだと4人育てて感じてきた。

安全な環境で大切に育てられている場合、人は信頼にこたえるよう行動する。しかし、ストレスと疑念、孤立は信頼気質の発達を妨げるという。先人たちが大切に守ってきた子育て文化は未来への信頼のネットワークを広げ、経済的にも精神的にも高いレベルへと導いてきた。おかげ様とお互い様の感謝の文化を途絶えさせるのはもったいないことだ。

4「誠とは私利私欲を知らない子供の心、学問に誠なくては全て偽りとなる」

中村惕斎『比売鑑』１６８７年より。子供の心こそ誠であると喝破した先人たちの思いは未来に何としてもつなぎたい。私利私欲を克服することが教養人、社会の指導者、大人、親に求められ、それを実現してきた歴史を私たちは思い出したい。江戸時代までは人としていかに生きるかが一番問われたが、現代は西洋文明の科学技術一辺倒でその学問の目的に誠が問われることもない。科学技術だけでなく、人としていかに生きるべきかという学問である人文学を尊重してこそバランスある地球の平和が実現されることだろう。地球的規模で私利私欲が追及されていたのでは共有地の悲劇で地球も人類も破滅に向かってしまう。私利私欲を知らない誠の心こそを人類の至宝として大切にしていく社会を目指したい。

また、明治維新以降採用された試験制度はその頃のイギリス人外交官アーネスト・サトウが書いているように、「試験の結果はその後の業績と比例しない、何よりも試験制度の欠点はモラルを見ることができないことだ」人間の能力を測る物差しを試験の結果のみにしてしまった結果、日本の外交、敗戦など、国益を損ない、国民の文化的生活が次々に犠牲になり、多くの若者の命も犠牲にし、富が奪われている。学問の場こそ誠が必要である。人格者でなければリーダーとなってはいけない。家庭でも、学校でも、社会でも私利私欲は恥ずかしいこと、不公正や残虐非道は許さないことを徹底して、真の人格者こそをリーダーとして育て上げていくことが喫緊の課題である。

5 「心だに誠の道にかないなば　祈らずとても神やまもらん」
正直の頭に神宿る

聖徳太子の言葉ともいわれているが、多くの子育て書に出てくる。海外に出ると日本人なら正直でまじめ、清潔に暮らしてくれるからと部屋を借りるのに断られることはない。これこそ先人木を植え後人涼し　先人の行いによって私たちが恩恵をいただいている。この恩恵は何としても子孫にもつないでやりたい。先人たちは神様に祈らなくても自分自身が私利私欲の心を克服し正直に暮らしていれば神様は守ってくれると思いつつ生きてきた。これが海外での日本人評価になっている。ありがたいことだ。

子供時代は「嘘つきは泥棒の始まり」とまずは教えられてきた。「人間、悪いことさえしなければ、怖いものは何もない」正直に生きることが一番大切であると。ところが、子供に媚びて陰に隠れてお小遣いをあげたり、母親の反対を知りながら、ゲームソフトを買ってやる父親や祖父母が出てくるようになった。「賄賂が玄関から入ってくると、正直が窓から出ていく」というユダヤの格言があるそうだ。正直文化を侵食していくのが賄賂である。どんなに誠の道を貫こうと母が努力しても抜け道で子供たちの正直な心を損なっていく。そこには自分だけよく思われよう、自分だけ得しようという私利私欲がある。社会を壊す元である。各家庭からこの言葉を核にしていこう。

6　「父母の恩徳は天より高く海より深し」親自身の指針

中江藤樹の『翁問答』１６４０年より。赤ちゃんがおなかに宿って以来の父母の千辛万苦を忘れてはならないとさとす。この言葉は親の心をこそ励ます。天より高く海より深い愛と思いやりで子育てせねばと思い至らせてくれる。人間はミラーニューロンの働きでお互いを映す鏡となりつつ生きている。両親の生き方こそが子供の良心を育てていく。

明治以降、西洋文明が滔々と流れ込み、私利私欲が肯定され、古来の国民道徳と称すべき忠孝、節義、誠実の美風が忘れ去られようとしていることを憂え、明治23年、教育勅語を教示された。江戸時代、貝原益軒も親孝行せよと親が言うわけにはいかないから、師が教えていかねばと書いている。親が子を愛するのは自然で、動物も子を愛おしむ。しかし子が親の恩に感じて愛敬を尽くすのは人だけである。孝は百行の基にして倫理の本源は孝の一字にあるとする。敗戦前はこれがあまりに強調されていたからか、敗戦以降親孝行という言葉は聞かれなくなった。むしろ個人主義という言葉があふれ、映画『生きる』に痛ましくも表現された親不孝が現出するようになった。京大大学院時代、オランダから来た留学生は日本の親孝行についで勉強しに来たと言っていた。今の日本ではこの言葉は死語となったかのような寂しさである。子どもが小さなとき、親は必死で子育てをしているから、思春期の動揺は許せるとしても社会人になっての親不孝は全く悲しい。親孝行を教えるところはどこにもない。また、映画『誰も知らない』に描かれたような親の責任放棄の事態も起こっている。日本でこのようなことが起こるとはと多くのヨーロッパ人が嘆いていたが、児童虐待が報道されるようになるとは30

年前はよもや思いもしなかった。人間的な行い、心、そのすべては親子の愛情のキャッチボールから生まれてくる。親が子供を世話し、子どもは親のお手伝いをする中で、お互いを思いやり、役に立つ誇らしさを味わい、家族として一心同体感を重ねていく。そこからすべての思いやりの根が育つ。ところが、現代の子供たちは暇さえあればゲームに夢中で、親の仕事を眺めたり、手伝ったりすることもない。親子の愛情はどこで育つのか。親はただ利用されるだけの存在になってしまってよいのか。テレビやゲームなど、子どもの心を育てる時間を空費させるだけの非人間的機械に子供たちを依存させてはならない。父親が仕事に集中して母親をないがしろにしたら、子どもたちもまねをする。父親も子どもたちも自分のことしか考えない時間を積み重ねていった先には親孝行なんて言葉は存在しなくなる。愛とはお互いを思いやり、尊敬することである。

かつて中江藤樹が残したこの言葉をかみしめてほしい。

7　「この国にはいたるところ聖人がいる」万物の霊長としての責任

同じく中江藤樹の言葉だが、善き行いができる人が至る所にいるということは道徳的理想をほぼ達成した国柄であったのではないか。それが清雅なる国民性をなくしてはならないと強調した福沢諭吉の強い思いであったはず。正直でまじめという国民性はお金では買えないし、地球を共有地の悲劇にしないためにもこれからの世界で最も必要とされる品性であろう。人間だって自然の一部、地球に対して、生き物に対して無慈悲、無責任なことはできない。私利私欲は恥ずかしい、品性が低いことであった。世のため人のためという思いの人が至る所にいたのだ。しかし西洋文明導入とともに、私利私欲が肯定され、恥ずかしいこととも思わずに陰に隠れて謀略の限りを尽くし、無慈悲な侵略を繰り返してきた国を師として学ばねばならない立場に置かれてきた。人種差別や植民地主義に反対し戦ってきたが、惜しくも敗れ、80か所以上の都市を焼かれ、強く勇気ある青年たちを無為に殺され、サムライ精神を継ぐ者が少なくなってきた。これから日本は日本精神立て直しのために、うそは言わない、弱い者いじめはしない、文武に励め、これを大人も子供も合言葉にして、世界平和へとつなげていこう。日本人だけでは間に合わない。世界の人々がサムライ精神で、世のため、人のため、正直に生きる人を育てていけば、私利私欲は恥ずかしいことと世界標準になるに違いない。世界の歴史の中で、どれだけ多くの人や動植物が絶滅の危機に追いやられ、どれだけ血や涙が流されたことだろう。日本の子育てを世界中に広め、世界中が至る所聖人であふれるような日が来れば、百年後、千年後の子孫に本当の天下泰平の幸せが訪れることだろう。

かつて道徳心が最も高いのは日本人であると言われてきた。家の鍵などかけないで暮らせる治安のよい国であった。信義誠実が社会の基本であった。戦国時代も「やーやーわれこそは」と一騎打ちをして、大勢を死なせないような工夫をしてきた。江戸時代も目付や御庭番を配して、不正、不公平が起こらないよう配慮してきた。人それぞれがより良く生きる道として、１０００年以上の教育の歴史を持つ国であった。茶道、華道、武道、剣道、それぞれ人としてより良く生きるための道、修行の道があった。かつて18世紀フランスのヴォルテールは「世界で最も寛容な国民は日本人である」と書いた。「一寸の虫にも五分の魂」という格言があることに明治時代に来日して日本に帰化したラフカディオ・ハーンは感動した。虫にまで心をいたすことができる民族の精神性の高さを様々な作品にして世界に発表してくれた。だが「自然を知り、大地の喜びと美を感じ取ることにかけて日本人は私たちをはるかにしのいでいる。しかし西洋人が驚いて後悔しながら自分たちが破壊したものの魅力をわかり始めるのは、先の見えない猪突猛進的な産業化が日本の人々の楽園をだめにしてしまったとき、つまり美の代わりに実用的なもの、月並みなもの、品のないもの、全く醜悪なもの、こういったものをいたるところで用いたときのことになるだろう」と案じていた。しかし現代であっても、チベットでの迫害を逃れて日本にやってきたある青年は「人間が人間らしく暮らせる」と驚いていた。まだ日本の先人たちの心の遺産は決して廃れてはいない。本物の日本食や日本酒が復活したように、日本の子育ても復活させよう。いたるところに聖人がいる国を護っていこう。

二　子育て文化　健やかな子育てのための和のしつらえ

1　暦　子育ての喜びを確認しながら一年を前向きに暮らす知恵

イギリスで長女を出産した時、バラの花が11月くらいまで咲いてくれて素晴らしいと感じたが、季節が単調で、行事も少なく、日本に帰ったら伝統行事を大切にしていこうと強く感じたものだ。

一年で一番日本人が心を清め、新たなスタートをなそうと気を引き締めるのはお正月である。お正月の準備は家族みんなで大掃除をし、お正月用品を整え、松飾を飾り、お餅やおせちを楽しみにする。子供たちにはお年玉を配り、年初めの心新たに希望を胸に膨らませる。二月には鬼は外、福は内と家を清め、子供たちと豆をまく。三月は女の子たちが無事に結婚し、幸せになるよう願いを込めておひな様を飾り、雛菓子を食べ、甘酒を飲む。五月には、男の子たちが元気に立派な男らしい生き方をするようこいのぼりをあげ、柏餅を食べる。七月には七夕飾りをして子供たちの将来への願いを短冊に書き込んで夢をはぐくむ。このような年中行事があることは子育てをしている家庭には素晴らしい節目となる。子供たちとともに喜び、楽しむのは親の心をも励まし、前向きに一年を暮らしていくことができる。一年を子供の行事を中心にした暦を作った先人たちは世の中で一番大切な仕事は子育てであるとわかっていたに違いない。毎年、心と生き方をリセットできることは素晴らしい伝統である。

2　赤ちゃんを中心に呼び合う家族
一番かよわい存在の心に立つ仁の心

日本の家庭では、互いを名前で呼び合うよりも、お父さん、お母さん、お兄さん、お姉さんと役割で呼び合う。そしてその中心にいるのは一番小さな赤ちゃんである。赤ちゃんを中心に呼び合うということは一番小さくてか弱い存在の目線で考えているということ。弱肉強食の真逆でまさに仁の心の実践である。ポストが人を作ると言われるように、役に立たない人間などいないのだ。家族の中で、赤ちゃんのために、父であり、母であり、お兄さんであり、お姉さんであることはそれぞれの胸に使命感が生まれ、一番小さな人のために頑張る。イギリスで先生のご家族と食事しているときに、旦那様のお母さんをマーガレットと呼び捨てにしているのが、妙に変な気がした。これが個人主義ということかと。それぞれが対等であると。でも、日本の家族は役割で呼び合うことでお互いを助け合う絆で結ばれていると実感する。

3　畳文化　清潔で赤ちゃん目線

まず土足で部屋に上がらないということは部屋をハイハイする赤ちゃんにとって清潔。そして絨毯と違って畳は掃除しやすいし、温かみと清潔な香りがある。畳に座ってみたり、寝転んでみたりすることは赤ちゃん目線が可能で、赤ちゃんと同じ目線で考え、話すことができる。椅子の生活との大きな違いはここである。目線を変えると思考も変わる。

しかし近年、異常なペットブームで、屋内で小動物を飼うことが流行っているようだ。欧米と違い、湿度が高く、密閉型住居での混住は、細菌がいっそう繁殖しやすい環境となる。先人たちが絨毯ではなく、畳を創ってくれたのはまことにありがたいと思うが、その努力もこのペットブームや電車内でのカバン床置きで、決して清潔環境とはいえず、虚しいものになりつつある。新型コロナウイルス騒ぎで騒然とする中、欧米では爆発的に感染者が増えているのに、日本ではそれほどではないのは、室内に土足で入らないという生活習慣が大きく影響している。赤ちゃんもハイハイする室内を清潔にしておくのは実に素晴らしい衛生観念だと思う。毎日入浴をしてから寝るのも清潔で、血流を良くして病気を寄せ付けない。。若者たちが何でも西洋流をまねして、寝る前にお風呂に入らず、朝シャワーするようになったのは嘆かわしい。清めたまえ、祓い給えの神道の教えは健康を願う一番の教えであるのに。

4　日本食　より多くの素材、四季折々の旬を子供たちとともに、脳にとって最強

ユネスコの世界無形文化遺産に登録された和食は多様で新鮮な食材とその持ち味を尊重、健康的でバランスが取れている、自然の美しさや季節の移ろいを表現、正月などの年中行事とも絡ませて食事を豊かにしている。これは子育てにも、脳にも最高の刺激と喜びを与えてくれている。この食文化の思想は日本のあらゆる分野で生かされてきた。

しかしながら、ここ最近、日本の農薬使用量は劇的に緩和され、世界的にも農薬や遺伝子組み換え食品のゴミ捨て場に日本がなりつつあるらしい。畜産酪農のほとんどすべてが輸入飼料によって育てられており、アメリカの製薬会社の製品の半分は畜産飼料へと使わ

れている。ということは日本の畜産食品のほとんどに遺伝子組み換えや農薬がまぶされている。日本食の屋台骨である味噌や醤油、納豆の材料、大豆も輸入頼みである。遺伝子組み換え大豆はラウンドアップという除草剤生産工場の排水溝から発見された微生物の遺伝子を組み込んで創り出されている。遺伝子組み換えトウモロコシを餌にしている豚の出生率が急減した事実や、発がん性が高いことが明らかになっているにもかかわらず、除草剤、遺伝子組み換え大豆、トウモロコシ、家畜飼料、などが許可されている。有機農法とは言っても遺伝子組み換えやホルモン剤を使用した飼料を食べた家畜の動物性たい肥であるとそれは決して健康とは言えない。675年に天武天皇の勅令により、殺生と肉食が禁止され、以来明治4年1871年まで日本人全体がベジタリアンとして肉食を避けてきた。ヨーロッパでは、古代ギリシア人、ローマ人、ピタゴラス、ダ・ビンチ、ニーチェ、トルストイ、ソローなど、名だたる教養人が平和と健康のためにベジタリアンを実践してきたが国家を上げて菜食を1200年以上も続けてきた国はない。1キロの肉のためには10キロの植物を必要とする肉食は地球上の飢餓を進めてしまう。特に大量生産のために薬を多用する酪農製品のたんぱく質に濃縮される危険性は世界的に危惧されるようになってきた。世界的に肉食がガンや成人病の原因であると忌避されつつある。売れなくなった牛肉や遺伝子組み換え食品、農薬などが一気に日本に入ってきている。子どもたちの健康のために多少高くても国産をと選んできたのに、私たちの生活は危険があふれている。日本人だけ突出して人口受精が多い、がんが多い。親として子供の健康的成長を護るために、農薬や遺伝子組み換えに対して無防備ではいられない時代に来ている。日本人の健康が危険にさらされている。アメリカのある主婦が「Mom across America」という運動をはじめ、アメリカ中のスーパーに「無農薬野菜を置いてください」と車で回って言い歩いたら、今ではアメリカのほとんどのスーパーには無農薬野菜コーナーがあるという。日本の母たちも子どもたちの食べるものを健康的なものへと変えていく声を上げよう。無肥料、無農薬自然栽培に取り組む農家の方々を応援して一歩を踏み出そう。せっかくこんなに素晴らしい食文化を築いてきてくださった先人の思いを無にしないよう。

5　歌　歌の好きな国民は明るい、生きとし生けるものすべてを愛する心

どの民族も歌なしには生き残れなかったろうが、明治以降の童謡集を見ても自然、四季、動物、家族あらゆる存在に心を寄せて歌っている。一寸の虫にも五分の魂ということわざのある国とラフカディオ・ハーンは感嘆していたが、思いやりがはぐくまれるゆえんはここにもある。歌っている間は心も脳も癒され、元気を養ってくれると感じる。

そして日本には短歌、俳句など、5・7・5の音で表す歌がある。最も短く、最も余韻を残して本質だけを表す。今や外国の学校でもこの表現を学ぶところもあるという。京大大学院の時の指導教官がよく参考文献の内容を一文で表現せよと言われたことが訓練になっ

た。本質をつかむ力、直接的な言葉は使わず、でも深く伝えるもの。たとえば「古池や　かわずとびこむ　水の音」この有名な芭蕉の句は静けさと広やかさを瞬時に伝え、自然の情景を目の当たりにするように心によみがえらせてくれる。たとえば「心さえ　誠の道にかないなば　祈らずとても　神や護らん」と聞けば、長いお説教を聞くまでもなく、信義誠実に生きねばと心を引き締めてくれる。5・7・5の音を基本にしてエッセンスだけを表現して、学問のあるなしにかかわらず、すべての人に思いを届けるこの技は日本文化の基底である。1000年以上前の万葉集は千年後、万年後へと日本民族の時代精神を伝える。

6　駄菓子屋、子供会、若者組、娘組 子供を育てる重層的な人の輪

もはや話にしか聞かなくなってしまったが、かつてはどんな村や町にも駄菓子屋があり、子供たちはわずかなお駄賃などを手に駄菓子屋でワクワクしながらお菓子を買った。今でもスーパーなどでのお菓子コーナーの充実ぶりは日本だけである。子供会での食事会やソフトボール大会、キャンプなど、親を離れて子供だけの経験はいつか自立する日のためのよき思い出となった。今はきかないが、かつての若者組や娘組も成長の過程でのイニシエーションとして役立っていたことだろう。引きこもりの若者たちにもこんな体験があったら一人自立するお試しとして役に立っただろうに、現代も大人への跳躍台が必要だ。かつては村全体で子供たちを守り育てていた。

いずれ社会に出たら、結局みんなで社会を支え、よりよい未来をバトンタッチしていくものなのだから。

子どもを育てていると毎日が必死で分からなかったが、その環境、人との触れ合いがいつどこでどう役に立つかわからないものだ。幼い時、それが直接的には役に立たないように見えても大きくなって肥やしになっている。たとえば湯川先生は幼い時、祖父による素読のお稽古を思い出しているが、その時は、退屈で、思わず涙がこぼれたと書いている。でも、物理学者でありながら、あれだけの文系的素養をもって様々なエッセイを書かれているのは、幼い時の素読のおかげかと思われる。かつて明治の軍人たちが人情と度胸と冷静なる判断を下しえたのは、文武に励み、人としてまず恥ずかしくない修養を積んでいたからだろう。そこには祖父母や親戚の人々、近所の人々との交流の中で、人間としての行いを垣間見ていたからこそ心温かい大きな器に育てえたのだろう。子どもの身体や頭脳の成長ばかり気にしていては、人間らしい心は育たない。失敗もあり、成功もあり、人生いろいろだと肌で感じながら、子どもは大きくなるものだろう。これからは記憶力が問われる試験よりも人間としての器の大きさ、人情に篤い、私利私欲を克服できているか、公平公正に対応できるか、残虐非道を見て見ぬふりをしない正義感があるか、そういうものこそ問われる時代にしていきたいものである。それこそかつてサムライが目指していた理想の人間である。

7　日本語　共視、子音＋母音、より多くの人にとって脳にとって最強の言語

発音、文法が簡単で、実は外国人にとってわかりやすい言語であり、人気があり、学習者の数もうなぎのぼりであるそうだ。対立的な英語的世界とは正反対の同じ風呂敷に入ってしまって同じ方向を見る思想であるという。そして合理性の高いパブリックな音韻体系漢語と、私的で親密な音韻体系大和言葉をほぼ完全に二重に持っていて、合理的思考と情感表現を自在に使い分け、人間関係にとどまらず、芸術や産業の領域に稀代の器用さと独創性を発揮している理由がこの言語にあるという。脳にとって最強の言語を創り上げてきてくれた先人たちの直観力に感謝したい。こんなに発音しやすく聞き取りやすい言語を創ってくれた先人に対して、小学校から英語の

授業や、大学は英語で授業せよなどの政策は、勘違いとしか言いようがない。自ら植民地に身を落とそうとしているとしか思えない。フランス語は一時ヨーロッパの上流階級で話される言葉だったそうだが、下の者たちに理解できないようわざと発音を難しくさせてきた歴史があるそうだ。日本語で考えるメリットは想像以上に大きい。海外との関係でコミュニケーションツールが必要であるなら、限定された単語量でなるべくシンプルに話すグロービッシュにすれば学生たちに負担にならない。聖徳太子の言葉の中の「上の一つの勘違いやたわごとが下の千、万の悲しみ、苦しみとなる」を指導者たちは心してほしいものだ。

三

よその国の子育て　風土、気候、歴史によって

それぞれの過去、現在、未来

1　ムチを惜しむな
思春期にしっぺ返しが来ると最近気づいた

Spare the rod and spoil the child.と言われていたのはほんの少し前までのことで、35年前にイギリスで出産したときにいただいたパンフレットには「鞭を惜しむと子供をスポイルすることになると真に受けると思春期にしっぺ返しが来る」と書かれていた。

西洋の古代から19世紀までの子供の歴史文献にさっと目を通すだけでも子供はいつも残酷な待遇に耐えてきたという印象を受けると『忘れられた子供たち』のポロクは書く。子供の自立心は敵意と解釈され、その独立心を脅威と感じ早く止めないと目上の者を支配しようとするに違いないと解釈してきたという。あるいは体罰によって矯正しなければならないのが子供だと考えられてきたと。そして生活の秩序を保ちたいと願い、まず確実に反抗しない子供を育てることから始めようとした人たちがいたのだと考えられるそうだ。35年前にイギリスで出産した時もわが娘はスオッドリングというミイラのようにぐるぐる巻かれて縛り付けられる方法で包まれた。出産後も体に良い成分が残っているからと産湯は1週間後だった。国によって、地域によってこれほど違う。風土、風習によって培われる心性は大きく異なる。漢文化を取り入れたときに日本人は纏足と科挙は導入しなかった。西洋文明の子育ても一様ではないが、子供を未熟者として残酷に扱うことはその子供が大人になった時弱い者に対して残酷になるということ。私利私欲を知らないまわりのすべてを信じてゆだねる心に誠を見た日本の子育てを捨ててはならない。

2　ほめて育てる
しかし国全体の教養レベル落ちることに気づいた

日本の学校でも随分とほめて育てるが推奨されていたけれど、貝原益軒先生も『ビッテの教育』のビッテの父親もほめると傲慢になり、努力をやめてしまうから絶対にほめてはならないと書いている。アメリカの『教養が国家を作る』を書いたハーシュもほめて育てる教育方法により、若者たちの忍耐力が低下し、自分への達成目標も低下、国全体の教養レベルが低下し、やがてテクノロジーの脅威の犠牲者となりかねないと警告を発している。アメリカの親が徐々に寛容になったのは１８６１年から１８６５年の南北戦争の後、英国の影響に終止符を打つことになったゆえ英国式育児法も否定することになった。南北戦争後は独立心があって人の言いなりにばかりならない子供こそ新しい国家の誕生に必要と考え意識的にそういう子供の育成を願ったと論じている。しかし放任主義の果てに今度は国全体の教養レベルが下がることに気づいた。

またシュララッフェンランド症候群といって、母たちがあまりに子供を愛しすぎてまるで奴隷のように子供の願いをかなえようと保護しすぎると、子供は王様気分で親を奴隷と勘違いする。大人になっても感謝するどころかいつまでも親を利用するばかり。親の気持ちを思いやることがない。親孝行という言葉が死語となってしまう。こうなるともはやにがい涙を流しながら老後を過ごすことになる。ほめて育てることは危険である。ただ心からうれしそうな顔をすること、心の底に包みおきて、という態度で先人たちは育ててきた。

3　NCT　自然分娩の会から全国チャイルドバーストラストへ

イギリスでは1956年、ある女性の新聞への投書から状況はずいぶん変わってきた。「私たち女性は脅されたり怒鳴られたりしないでアットホームな環境の中で出産したい」その投書への反響が大きく、女性たちが集まって勉強会をするようになった。その学びは保健省がそれをパンフレットにして買い取るまでになった。やがて出産前後の両親学級などで若い人たちの新しい家庭作りを応援することは社会の安定にもつながると分かってきた。この運動はNatural Child Birth Trust、やがてNational Child Birth Trustとなって学びの成果は大学の学部にまで発展している。レディファーストの国かと思っていたら女性たちはついこの間まで大変な思いをしてきたらしい。

しかし今は日本の子育て以上の社会的子育て支援が意欲的になされ

るようになっている。

かつての日本では子安講という母たちの会があり、毎週集まってはおしゃべりする会があった。そして社会全体で子供は社会の宝と大切にしてきた伝統があった。今や個人的なこととしてかかわらないようにしているのはおかしいことだ。子供は成長して後は社会の中で生きていくのだから。これからも社会の宝として先人たちの知恵を受け継ぎながら大切に育てたいものだ。

イギリスで出産した時、ペアレントクラスに何回か出席し、「無知が恐怖を呼び、恐怖が痛みを増幅する」と学んだ。だからわからないことはいつでも何度でも質問してねと声をかけられた。できる限りの予習はして知識を集めておいたつもりだが、初めての出産だし、緊張し、結局朝5時に破水し、夜8時に長女が生まれてくるまで、なかなか緊張は解けなかった。隣の部屋では痛いとか、死ぬーとか大騒ぎが聞こえたが、日本女性として一言も騒ぎ立てない気力は貫いた。病院中の看護婦さんたちが入れ代わり立ち代わり応援に来てくれたのはうれしかった。二人目からは雑誌を読んだり、歌を歌ったり、緊張をしないよう気を使い、教科書通りの安産ができた。世界で一番子供たちが幸せな国は日本であると幕末に来日した外国人たちが感嘆していたのに、今やその知恵を忘れ果てているのはもったいない。

4　SENG　アメリカ、民主主義という多数派からの圧力、才能児自殺しやすい

Supporting Emotional Needs of the Gifted　という団体は、一人の才能ある青年の自殺を機に才能ある青年たちを救うために始まった。才能ある子供たちへの心の支援団体としての親や教師たちの研究団体で今や毎年大会が開かれ、研究成果の発表や才能児たちの交流会が開かれている。ファシリテーターを養成して各地で勉強会を組織している。

民主主義という多数派優遇システムは他と変わっている少数派への圧力が強くいじめが多発する。才能児から見た世界は理不尽なことが多く、それを解決しようとしない凡庸な大人たちの存在に生きる意欲をなくしてしまうといわれる。才能ある子供たちの心に寄り

添い、その才能を生かしていくための活動はどんどん広がり、そのテキストはスポック博士の育児書をしのぐほどになってきた。才能は国の宝である。むざむざ自殺させてしまってはならない。人種、貧富の差に関係なく人口のおよそ2，4％はGIFTEDとして生まれてきているのに、生まれ持った才能を生かさないのは惜しいと考える人が多くなってきた。

一方日本では、日本食ができるだけ多くの食材を使ってその素材を生かして美しく食する文化を持つように、人もそれぞれの良さを生かす社会を営んできた。あえて才能教育と銘打たなくてもそれぞれの良さを生かす学校教師の技がかつてはあった。若者の自殺が多くなったのは、日本の教育の危機を若者が身をもって教えてくれているのではないか。ノーベル賞を受賞した本庶佑さんが、「地球上の生き物の仕組み自体が大きな謎で、宝くじに百万回当たってここまで来たのではないかと思われるくらい」とお話しされるように、人間のからだの仕組み、脳の仕組みはすばらしい。日本では、生きとし生けるものすべて価値があり、意味があり、それぞれ天からの使命をもって生まれてきていると考えられ、生かしあう文化を培ってきた。生まれくる命は全てＧＩＦＴＥＤと考えてきた国なのだ。かつての学校の先生方の腕の見せ所は一人一人の才能を見定めて生かすことにあった。良きリーダーは、人材を発見し、活躍の場を与え、本人もまわりも幸せになり、世のため人のための波を創り出していくものだった。

5 『タイガーマザー』 自由で子供をだめにするより漢民族の躾こそ、が次女の反抗

アメリカの寛容な子育てによってスポイルされることを難じて漢民族の教育方法こそが優れているとスパルタ式とでもいうような完全管理型子育てを実践する。優秀な成績を収める子供たちを誇りに思いつつもやがて壮絶な反抗に直面していく。日本の躾という和語が身を美しくすると書くのに対して、中国や韓国では教育管理、家庭管理というのだそうで、やはり上から目線は免れない。思春期にしっぺ返しが来るのは同じである。思春期になって自分がしていることが自分で選択したのではないと気づいて止めてしまう青年が多いという。大変な反抗と葛藤を経たけれど、幸運なことにこの親子は無事に母親の願い通りの立身出世を遂げた。

上から目線での選択はいずれ破綻してくる。子供自身のやる気と将来への準備の意味での鍛錬、親としての見極めは難しい。だが、親としての責任としていつか独り立ちする日のために鍛錬準備させることは大事である。気ままに育ててしまうとその後、親にとっても本人にとってもにっちもさっちもいかなくなることは確かである。江戸時代末期、林子平は、「子育て次第で社会はよくもなり、悪くもなる。姑息の愛で子供の望みをかなえるばかりで何も教えないのは無頼不作法の人、悪人を育てるようなもの」と警告している。『母親を奴隷にする子供たち』でも「母親が子供の言いなりになるということは子供が教育されず、母親こそが子供の要求を聞いてくれる奴隷へと教育されることになる。現在多くの若者たちは自分からは何もしないで、受け取ることだけをあてにしている。親子の葛藤は親が耐え忍ぶことではなく、きちんと決着をつけることである」と自由気ままを戒めている。

6　『母性という神話』
昔里子に出していたから母性や愛がないと判断するのは早計

母性は本能ではないかもしれないが、子育てをしていく中で本能のように子供を守り育てる力が醸成されていく。かつてフランスでは特に子供をスオッドリングでぐるぐる巻きにして田舎に里子に出し、多くが死んでしまうような歴史があった。だからといって母たちに愛がないのではなく、その時代、残念ながら普通に行われていたことに従ったまでのこと。この歴史的事実に対して、里子に出すなんて母親には愛がなかったのだ、母性なんてないと結論を出すのは間違いである。むしろ流行っているものに子供の運命をゆだねるのは危険だという教訓である。どの時代でも社会でも生まれた赤ちゃんに対する熱狂的偏執的愛は必ずあったはずで、それがなくてはまるでかよわい赤ちゃんは無事に生き抜くことはできない。動物たちでさえ命を懸けて子供を守り育てるのだから。しかしこの書物が出て以来、母性なんて本能ではないとか、母性なんてないとか勘違いする人たちが出てきた。この本の中でも母性がないのではなく、母性は赤ちゃんを育てる中で学習されて本能のように強化されるのだと書かれているのに。その時代、社会の中で、様々な言説が現れる。たとえばスポック博士の育児書などが流行ったころ、授乳は決まった時間にしないとわがままになるとか、赤ちゃんが泣いたからとすぐに抱くと抱き癖がつくとか。そのせいでずいぶん母と子の交流が妨げられたと今は思う。また待ちの子育てなどという言葉がはやり、あいさつでさえ本人が気づくのを待てなどと。そのせいでずいぶん躾すべき時を見逃した。親はいつまでも生きるとは限らない。子どもの心が素直な時こそ、知っていることはどんどん教えておくべきだあった。あとで気づいても後の祭りである。流行りの言説に惑わされそうなときは、不自然はおかしい、自然な方を選ぼう。母性こそが全く無抵抗でまわりのすべてを信じてゆだねる赤ちゃんの命を守り育てる。人間らしい正義感、共感力、創造力、想像力を育てる。人類が今日まで命と文化文明をつないできた源泉が母性であることはどの時代、社会にも真実である。

7 『ハウスワイフ、2.0』男と同じように頑張ってきたがその為に起こった問題の方が

アメリカでは、女性たちが男と同じようにと共働きで頑張ってきたが、そのせいで起こった問題の方が大きくなったと家庭に帰る女性たちのインタビューをまとめたものである。キャリア女性の時代は終わった。会社に使われない新しい生き方を目指す女性たちのレポートである。アメリカではマスコミさえもママは家にいた方が幸せと宣伝しているとのこと。女性と男性は精神的にも身体的にも違うのだから、何もかも同じにするよりそれぞれの特性を生かしていく方が合理的でお互い幸せであると。すべてを吸収し見習っている幼児期に情緒的な拒絶や質の悪い世話や不適切な代理養育者によって育てられる子供は情緒的にも知的にも危険にさらされるというこ

とはかなり早くからわかっていた。高学歴夫婦の子供たちが英語を話さない代理養育者によって育てられ、学齢期になって成績不振になることも報告されている。また乳製品産業の機械化によって乳清に大量の余剰が出た19世紀から20世紀初頭の間に粉ミルク産業が拡大した。と同時に母親の母乳育児が失われていき、子どもたちの識字能力が低下、呼吸器系の感染症の増加など、自然な子育てが商業主義により分断されてきた歴史を忘れてはいけない。またテレビを幼児期によく見る生活習慣を持つ場合、すぐにあきらめてしまうような受け身的な子供を造ってしまうとも言われている。アメリカで起こっていることは日本への警告として受け止めるべきで、真似するべきでないことは一目瞭然である。今の日本は主婦への攻撃を深め、働く女性を増やそうとして子育て問題というと保育園問題に転嫁している。子供をいかに健やかに心豊かに育てていくべきかという議論がない。子供はモノではない。預ければよいでは、せっかく親大好きの柔らかな心の時間が失われてしまう。親大好きの時間、子供たちはまわりのすべてを感じ取り学び取っている。親が最も影響を与えることができる時間に絆を深めないではもったいない。

親であることの最も重要な特徴は我が子に対する偏愛の情で、これが超自我ともいわれる良心を育て、親が他のいかなる代理よりも育児に適する理由であるとポロクはニューソンの言葉を紹介している。集団教育が誇ることができるのは、せいぜい公平無私、どの子にも公明正大であることだと。実態としてはこれも難しいことだが。世界で最も商業主義的なアメリカの後を追って道徳の国日本が真似る必要は全くない。特に、子育ては未来を決める。結果がでるのは20年後なのだから。子育ての理想をほぼ実現していた日本の子育て思想こそ世界に広める時である。

四

先人たちの子育て　子育ての結果は20年後、
人のふり見て我が身を直せ

1　湯川秀樹先生の家庭　祖父母や父親の役割、母は優しい母でいられた

子供を守る幾重もの輪は必要である。素読を教える厳しい祖父やお寺さんに連れて行ってくれる祖母に甘えてかわいがってもらう時間。世の中には厳しいことが厳然とあることを象徴するような父親の存在。地震雷火事親父という恐ろしい存在としての父性。いろんな人の輪の中で、子供たちは人間社会を学び、母は優しい母親でいられた。湯川先生の母親は生涯映画を見に行かなかったという。自己への厳しさも5人の子供たち全員を学者に育てあげられた理由であるかもしれない。かつて乃木希典の父親も父として子供の見本たるべく、自らを節制して厳しい生活をしていた。父親自ら子供の教育に方針をもって対していた。

敗戦後、社会全体が貧窮と混乱の渦に巻き込まれ、父親は仕事で忙しく、家庭を顧みるゆとりを無くし、父親たる責任を放棄した。社会の厳しさや掟を教えるはずの父親が子供に嫌われたくない友達パパになってしまい母は優しい母を演じることはできなくなった。自然な家族のありかたが失われて子供たちの道徳心や克己心のタガが緩んできた。経済優先自己愛型社会が形成されてくると、最も身勝手なものの権利を守るために遠慮深く誠実なものの権利が犠牲にされる。西洋の身勝手な弱小国への恫喝、制裁、侵略が敗戦によってさらに強化されたことによって、人々も自己愛型利己主義者へと変わりつつある。だが、ずるくて非情なものが勝者で、誠実で情け深いものが敗者となることを認めてしまうと良識も仁義も失われ、冷たく生きにくい社会を子供たちにバトンタッチしてしまうことになる。人として私利私欲は恥ずかしい、公平公正を求め、残虐非道は許さない人間らしい正義感を持った人間が求められていくのだと大人たちが背筋を正したい。母だけに子育てを任せてしまうのは酷というものである。

2　森鴎外の母　読み書きは息子と一緒に習い始め、教育ママのはしり

父親は医者であったが女に学問はいらないと鴎外の母は文字を学べなかった。息子が生まれたときに子供のおさらいを見てあげるために習わせてくれと父親に頼み習い始めた。鴎外の復習を見てやって寝かせた後自分の勉強をする。鴎外が成長して作家として活躍していた時もすべての作品にまず目を通していたという。家計を取り仕切る能力も高く、観潮楼を建てたときの設計もこなした。鴎外が初めの結婚に失敗して引き取った孫の教育にも熱心で、学校の廊下で常に授業を参観し、孫の勉強を見てやっていたという超人的母である。料理も健康に配慮して作り、西洋料理も鴎外の指示通りに作ったという。明治の強い女たちの代表である。鴎外自身が描いた家

庭像は『半日』という作品の中に描かれている。「年寄りは年のよるのも忘れて子供のことを思っている。子供は勉強して親を喜ばせるのを楽しみにしている。金も何もありゃしない。心と腕が財産なのだ。それで家じゅうそろって奮闘的生活をしてきたのだ。その時は希望の光が家に満ちていて、親子兄弟が顔を合わせれば笑い声が起こったものだ」こんな日本の家庭の原風景を無くしてはもったいない。

3　徳川家康　父としての苦言、ただ育てばよいだけでは子のためにもならない

『東照宮御遺訓』徳川家康が孫の教育について残したという手紙である。自分たちが若い頃は子供が珍しく、ただ育ちさえすればよいと気ままに育てたところ、大きくなってから注意しても親を尊敬することすらも教えていなかったので、親の言うことを聞き入れず、逆に恨むようにすらなってしまった。ここを読んで愕然とした読者は多いのではないだろうか。玉と育てて後に勘当では、育てた甲斐がない。明治期に出された「教育勅語」では、孝は動物にはない、人間にしかできない尊い道徳心であると国民一丸となって世の風を清められた。大切に育ててもらった親を敬うのは人間として当たり前のことなのに、子ども一番で蝶よ花よと育ててしまうと親を尊敬

することがなくなってしまう。あの徳川家康でさえ子育てに苦い思いをしていたのかと思うと私たちはよほど心しないと後で苦い涙を流すことになる。家康は、子供は幼い時にわがままの枝は早めに切り取っておくべし、そうすれば陰ひなたなく素直に育つものであると教えを残した。素直な心を育てれば成長してますます素直に学び人からも好かれ、本人も家族もまわりの人々も幸せとなる。かわいいだけで玉と育てて後に勘当となってしまったら本人も家族もつらいことになると。

4　角倉了以とその親戚　才能ある子供には少なくとも一人の理解者、支援者必要

京都洛西嵯峨野の医者であり金融業を幅広く営んでいた吉田宋桂の次男として生まれ、医者となることを望まれていたが、自由奔放なところがあり、屋内に閉じこもって書物と向き合う机上の学問が性に合わなかった。一人山歩き、川遊びに興じて父親や家族からは見放されていた。しかし本家のいとこにあたる栄可は了以の茫洋としてとらえどころがないながら内に大きなものを秘めた不敵なまなざしにその将来を期待した。徳川家康の命を受け朱印船貿易で手にした利益で保津川開疏、高瀬舟の舟路開削という難事業をやり遂げた。才能ある子供を理解するのは難しいが、だれか一人、理解者、支援者がいれば必ずその才能は生かされ伸びていつか世のため人の

ために働いてくれる。どんな子にもその子らしさがある。それを生かし、伸ばそうと努める大人が必要だ。

5　藤原正彦　父として敢然と息子をいじめから守り抜く

父親の仕事の都合でイギリスに一家で移り住んだ先でいじめにあった次男のためにしばらくは様子を見るが、最後には学校長に話し合いに行く。息子にはいじめに対峙するための撃退法を教える。週末には家族そろってドライブなど気分転換できるよう配慮する。いじめは武士道の真逆である。卑怯である。薩摩藩の子弟の郷中教育の教えは「嘘をつくな、弱い者いじめはするな、文武に励め」だったそうで、武士たるもの弱い者いじめは卑怯者の証と考えられていた。父性が発揮されることが少ない現代社会では、こんな時こそ、父親の出番であり、社会の掟を示す時である。地震雷火事親父という恐るべき父親こそが、社会の厳しさを教え、雄々しく生きていく気概を育てる。社会のゆがみのようないじめに対して全力で異議申し立てを行い、息子を守り、あるべき社会規範を示す父親がいた。

6　中村勘三郎　父として優しいだけでなく、厳しい芸の修行をさせる

子供がいずれ社会に出て生きていけるよう配慮し指導するのが父親である。家庭教育のすべてを母親にお任せしてしまっている家庭が多い中で、地方巡業にも連れて行き、厳しく芸を修行させたという勘三郎は立派であると思う。子供の姿かたちはかわいらしく、厳しく修行させるには父親としての強い自覚が必要だ。むしろ子供に嫌われたくないからと友達パパとかいって、決して怒らず叱らず、甘いだけの父親が多くなってしまった。とりあえず甘いやさしい父親は子供にとっては好都合だろうが、世の中を一人で渡っていく冒険の楽しみと一人で稼いで生きていく喜びを失わせている。せっかく生まれてきたのにもったいないことだ。世の中はつらいことを乗

り越えた後の楽しみがあることを父親は背中で教えていくのではなかったか。

7　樋口清之の両親　母の覚悟と妻を絶対的にサポートする父親

『梅干しと日本刀』を書いて『菊と刀』の悪意ある日本文化攻撃をさらりとかわした樋口清之氏はどんな父母によって育てられたのだろう。母親は陣痛を起こしたその日から清之氏の教育方針を決め、育児日誌を26年間書き続け、氏が結婚する日に渡してくれたという。方針の第一は子供たちの前では父が母を、母が父を互いにほめあってお互いに言ったことに対して絶対批判しない。子供が親を尊敬できなければ教育は成立しない。父親が母親を馬鹿にしていては子供もやがて母を侮り、子供自身の人間形成にも悪い影響を与えると。そして父親は次のような歌を残していた。「うつるとも月は思わずうつすとも池は思わず　広沢の池」映っている月も映している池も互いに何も意識してはいないが、美しい月は静かな池に影を映しているのは現実だと、無言無作為の中に生活すべてが教育になることが理想であることを父は教えてくれていた。現代の母たちが苦労しているのは、父親たちが世の厳しさ、掟を教える役目を放棄しただけでなく、母親たちへのいたわり、尊敬の思いがないからではないか。子供たちが成長してからも母親を馬鹿にして母たちに寂しい思いをさせているからではないか。現代の母たちは骨折り損のくたびれ儲けの役割を担って疲弊しきっているように感じる。

五　子育て　気になるQ&A

1　頭の良い子に育てるには？
口承文化、文字の文化、心育てこそ大事、やる気スイッチ

身分差別が無くなり、なりたい自分になれる時代になって、学業成績だけがその物差しとなった。かつては生まれた家によって既に職業が決まっていたから、明治の人たちの多くが肩こりになるくらい緊張して社会的階段を登るために一気に学問に向かったのは当然と言えば当然である。しかしこの学問はトルストイも心配していたように科学という名の数値や証拠を偏重するもので、人間がいかに善く生きるかという配慮を失わせる。人間はロボットではないからただ知識を注入すればよいというものではない。特に3歳までのおぼろげな時間、子供たちは全身でまわりのすべてを感じ取っている。親の心も。人類が口承文化を経て進化してきたように、まずは語り

聞かせ、読み聞かせ、そして文字に親しませる。間違ってもテレビやゲームにお任せしてはいけない。人間だって自然の一部なのだから、自然の中で人間らしい心のバトンタッチを体験させたい。養老孟司先生も小学校低学年くらいまでは自然の中で育つのが望ましいと書いている。大事なことはやる気スイッチ。やる気スイッチが入らなければ馬を水飲み場に連れて行っても飲まないのだ。あまりに厳しすぎても畏縮してしまうし、のびのびさせすぎても自分が大将になってしまって謙虚でなくなる。心が素直でやる気満々であればいつだって勉強は始められる。どんな天才も情動の海に浸らなければその才能も干からびてしまうという。善き心を育てることがまず人としての基礎である。そこからすべてはスタートし、自ら学んでいく人間になっていく。日本では万葉集にも「悟達の大聖人ですら、子を愛する煩悩を持っておられる。まして世間の凡人の誰が子供を愛さずにおれようか」と書かれているほど子供を愛し、かわいがってきた。戦国時代に日本を訪れた宣教師たちは日本人の好奇心の高さに驚いたという。興味関心が高いということは全ての学びのスタートである。親の肉声で先人の優れた行いを語り聞かせ、子供自身の実体験を大切にする。脳にとって最大のごちそうは実体験なのだそうだ。自然の中で、自由に遊ぶ幸せは人の魂の根っこを育てる。大人の都合で、狭い都市部で部屋の中に閉じ込めてしまってはいけない。その弊害は後で出てくる。人として生まれて志をもって意気高く生きていく心の灯を燃え立たせることがよき人生へのスタートとなる。

2　いじめどうする？
いじめる心育てない、いじめられたら離の技

弱い者いじめはするなと昔の人は教えてきた。卑怯だから。サムライたるもの正々堂々弱き助け、強きをくじく。この逆バージョンが増えてきたということは武士道が廃れてきたということか。吉川英治は『宮本武蔵』の中で、「武士道が廃れては、民の心が堕落する」と書いていた。いじめは卑怯、この一言である。いじめるような心を育てない。いじめる子はどこかで自分がいじめられているのかもしれないが、だからと言っていじめを許容してはいけない。いじめは人間的というより動物的だから。もしもわが子がいじめに遭遇したら、即反撃、無理なら「離」の技で、離れる。現実的に身をかわす。いじめるような人たちよりははるかに幸せになる決意とその

算段をする。人を馬鹿だなどというような人こそが馬鹿なのだということは常日頃言って聞かせておく。人たるもの、誇り高く生きる術を伝えておきたい。いじめを黙認することも卑怯であると、親も大人も本気で教えていこう。

かつて1970年代に日本に留学して各地の学校を見学してまとめたカミングスの『ニッポンの学校』では、いじめ事件に際して校長先生自らいじめ被害者の家に出かけ謝罪した例が出されている。誰かを責めたり、叱責して終わりではなく、何度も話し合い、みんな友達ではないかと声掛けして時間をかけて心を分かち合う努力を先生方が続けていく様をレポートしている。いじめというサムライ精神の真逆の事態は日本文化になじまない。誰もが君子たるものという自問自答して自らに厳しく、人には春風のように優しく接することが本当ではなかったのか。

3　兄弟姉妹ってどうなの？　楽は苦の種、苦は楽の種、種だって2，3粒の方が発芽率高い

社会が進歩したおかげか、運命に身をゆだねるよりは自分の意志によって選択できることが増えた。子供の数も親の意志によって何人かを決められる。自然少なくなって、一人とか、男女それぞれ一人ずつの家庭が多くなった。大人の側の都合でそういう状況が生み出されつつあるが、子供の側に立ってみたらどうなんだろう。自分自身も子供の時はもとより、思春期以降もそれぞれ家庭を持ったときとか、伴侶にも友人にも言えない悩み事を同性の姉妹に話せることがどんなにか心強かった。同じ家の同じ釜の飯を食べた仲間がいることは勉強になるし、心強いし、なんといっても楽しい。子供時代の最大の幸せは兄弟姉妹の存在だと思う。子供を産んでみてこん

なに大変なのかと知ってとても大勢は産めなかったとよく聞くが、産んでみて知る子供たち同士の強い絆は何物にも代えがたい。楽は苦の種、苦は楽の種だと実感する。せっかく子育てをするなら、ぜひ兄弟姉妹の幸せを味合わせてあげてほしい。種だって、2，3粒まとめて蒔いた方が発芽率も良いと聞く。一人ぼっちよりも心強いだろう。

4　ゲームってどうなの？
ネトゲ廃人作るのは人類の敵、ゲーム後の子供の目を見て

親となって一番の苦しみはいじめの存在とゲームとの戦いであった。ゲームは一瞬子供たちが静かでいてくれるとホッとするかもしれないが、ゲームをやり終えた後の子供の暗い目と外遊びで体全体を使って遊んできた後の目の輝きの違いを見てほしい。いつもそばにいる母親はその恐ろしいほどの違いを感じ取っている。しかしその恐ろしさに気づかない父親はただ子供の笑顔を見たい姑息の愛に惹かれ与え続ける。まるで麻薬やアルコール中毒のようなやめられない止まらない蟻地獄にはまってしまう。人生の機微を感じ取り、いかに生きるべきか考えあぐねる大事な思春期も、たっぷりの空き時間を外遊びや友達遊びで過ごす子供時代のゴールデンタイムもこ

の機械相手の蟻地獄で砂時計のように空費させてしまう。体は大人になったとしてもその心模様はまるでわからない。大人となっても仕事、職場の先輩方との交流、友人たちとの交流は最低限だけこなし、自由になるお金や時間はゲームに捧げる。世界が今どうなっているのか、次世代のために何をすべきか、何が真、善、美なのか考えもしない。せっかく生まれてきたのに人間らしい喜びや悲しみを味わうこともなくただゲーム命で生きるなんて悲しすぎる。若者たちをこんなゲームに引き入れるのは新たなる人類の敵である。『シン・ニホン』でも、「ゲームが好きだからただやるのは中毒に過ぎない。作り手の作った罠にかかっただけだ」と書いている。親たちは心を鬼にして子供たちの健やかな育ちを護ろう。大切な子どもたちを中毒の罠にかけてはいけない。

16世紀半ば、フランシスコ・ザビエルが日本やシナを訪れたころ、日本人は好奇心が優れ、ひっきりなしに質問してくる。男たちはみな常に文武に励み、刀を腰に寝る時以外は離さない。シナは物がすべてそろっており平和な文治国家であると書いている。その考え深い平和な文治国家を壊し、アヘン中毒患者を増やしていった西洋の侵略の歴史を顧みると、今の日本の若者たちのゲーム依存はかなり危ない。麻薬中毒と同じだと大人たちが自覚し、子供たちの健康的な外遊びを護っていかなければ国の存亡にかかわるのではないかと心配する。

そしてゲームだけでなく、インターネットやスマホの利用について、それを提供している人たちは我が子には15歳になるまで決して触らせない、むしろ分厚い紙の書籍を与えているという現実を注視しよう。シリコンバレーの中心地にある学校はネットに接続できないようになっているという。学校にアイパッドを導入させようと圧力をかけながら、我が子には与えないという意味はそれが子供たちの頭脳や思考力に良い影響がないとわかっているからだろう。世の親たちは今あるから、流行っているからと無防備に子供たちに与えてしまわないよう注意する必要がある。社是は「邪悪でない」はずではなかったか。

5　人の輪って？　孤育ては思春期の攻撃がすべて母に来る、いろんな人がいる寛容さ

子供たちが小さなときはとにかくしっかり遊ばせて食べさせて大きく育てることに懸命で親類縁者ご近所様との交流に気を使うこともなかった。地方にいたときはご近所様と子供たちを遊ばせたり、頂き物を交換したり、それなりにいろんな人の人間模様を子供たちともども楽しんだけれど、人口190万都市に住んでみるとその輪はかなり狭くなった。やがて来る思春期に子供たちが他の大人への疑いの目を向けるのは母一人となる。父親は早い時期から友達パパとして仲良し同士だから圏外らしい。母の言うことすべてが正しいわけではなかったと猛烈な反発を向けてくる。しばらくすれば、これは母子それぞれが別の人間であると親離れ子離れの神様が与えて

くれた試練だと気づけるが、それまでがつらい。もう少し親類縁者ご近所様と親しく行き来していれば、人間っていろんな人がいるもの、母親につらく当たってても子供っぽいだけと気づくのに。

6　お手伝いや躾って？　責任感、段取り力、工夫、我慢、大人への鍛錬の道

子育てに悩むのはいつの時代も同じだが、やり直しができないのが子育ての苦しいところだ。タイミングを誤るとその後の人生をずっと後悔してもしてもあきらめるしかない。

特に、お手伝いや躾をきっちりとしておかないと、母親を便利な奴隷とでも認識してしまうことになる。成長しても親孝行などどこ吹く風、親に心があるなどと考えもしない青年となってしまう。幸田露伴は娘文に家事をきっちりしつけたが、露伴の母親こそが息子たちをしっかりと躾けしてあった。「家事というものは行く河の流れと同じで絶え間なく続くもの、子供は何人であってもその拠って立つところの家のそのまた動脈たる家事に協力させるべきは当たり前、

能力未発達の子供にそれを教えないのは正しき愛情ではない」と。福沢諭吉も息子たちに決まったお手伝いは必ずさせていた。大人になる道はただ体が大きくなれば良いものではない。取り組むべきことを持ち、責任をもってやり遂げ、工夫を凝らして能率的に進めるなどの体験ができる最適の道がお手伝いなのだ。段取り力や辛抱我慢すればこそ強い大人への鍛錬の道なのだ。いつか世のため人のため、役に立つ人になって人類の幸せに貢献してくれるような人を育てるためにまず家の役に立つ人を育てよう。本人も親も幸せへの道である。お互いさま、おかげ様の気持ちがわかるのもこの時なのだ。特にこれからの時代は男女を問わず家事はできるようにしておいた方が楽しみの輪を広げられるし、お互いの大変さも理解しあえる。

7　保育園、幼稚園、学校って？　たかだか200年の歴史、人類にとってどうなのか？

日本には1000年以上の長い時間、人をより良く生きるよう育てる教育という観念がしっかりあった国だとR・Pドーアは『江戸時代の教育』で書いていた。明治維新以降急速に西洋式学校教育が整備された。しかし学校教育ができて以来、各地の名人が減ってしまったともいわれている。息子を素晴らしい知識人に育て上げたビッテの父親は「良い習慣は努力と自制を要するけれど、悪い習慣は何の努力もなしに覚えることができるので、学校というものは子供の悪習の持ち寄り場で非常に危険なところである」とも言っている。イギリスやフランスで公教育が始められたのは、産業革命という大規模工場が開始され、児童労働や親たちが働くために放置される子供たちの道徳力の低下を何とかするためだった。さらに中世のヨーロッパでは、読み書き能力のある人はほとんどなく、教育という観念すらなかったとニール・ポストマンは書いている。漢字文化圏の東アジアでも意図的教育は社会の上層部のみだった。一方早い時期にかな文字が発明された日本では、教育の上で断層はなかったと源了圓は書いている。民の文化力が1000年以上の歴史と深さを持っているのだ。1000年以上前の『万葉集』には防人として駆り出された兵士たちの歌も数多く載っている。学校教育や幼児教育、親が働くために保育園を整備するということの来歴と日本の長い歴史文化伝統の中で培われてきた子育ての知恵を比べてみると、人類にとって大切な流れはどちらなのかよく考えてみるべきではないだろうか。特に引きこもりの増加は子供たち、青年たちが感じ取っている危機ではないだろうか。学校という場でいじめが多発し、自殺する子供や若者たちが増えてきたということは現代社会への警鐘であろう。荻生徂徠は「人情というものは往古も今も変わらない。ただ制度というものの次第でその社会が長続きするかどうかが決まる」と書いていた。『子供地球21世紀への旅立ち』という科学技術庁資源調査会の出した報告書にも、これまでを視界のきくグラウンドで前に走る人をモデルとして走った短距離ランナーに例えると、これからの時代は霧のかかったグランドに立ってモデルのない長距離を走るランナーと言えるかもしれないと書いている。今こそ日本本来の教育力が生かされる時だろう。人間本来の理想を実現しつつあった日本の子育てが花開く。できるだけ多くの素材をそれぞれの良さを生かして美しく食する日本食の精神で、子どもたち一人一人の良さを生かす教育システムを考えるべき時ではないだろうか。少子化であればなおのこと一人一人に向き合えるのではないだろうか。日本にはその伝統があるのだから。画一化は奴隷への道である。

六　先人たちの金言　これからの時代こそより人間らしい人間を！

1　「助長」と「玉と育てて後に勘当」七厳三寛のバランス

あまりに早くから大人のようにしつけようとしたり、知識を注入させようとビデオ学習させたりして子供らしいのびのびした時間を奪うのは根っこを引っ張って枯れさせるようなものだと先人たちは警告している。また一方でかわいらしい子供のしぐさにうっとりして何でもかんでも子供の言うとおり、蝶よ花よと育てると成長して後、親の言うこともきかないわがまま者になり、玉と育てて後に勘当ということになる。ジョン・ロックも「子供の精神をゆったりとさせ、活動的でこだわらないものにしておき、将来への準備のために努力を積み重ねさせることの調整を知っている人が教育の真の秘訣を知っている」と書いているが、明治の谷干城は七厳三寛といい、7割厳しく、3割寛容と言っている。現代家庭は自由気ままになりがちなので、規則尊重の観念が育ちにくいとデュルケムは言う。厳父がほとんどいなくなり、母一人で孤軍奮闘している。躾と称して虐待する親の存在はかつての日本の子宝思想をすっかり忘れ果てている。親学校も必要な時代なのかもしれない。これ以上いじめや虐待を放置してはいけない。家庭こそが信義誠実の泉、子供を慈しみ育てる場なのだから。そしてくれぐれも母がすべてを背負って子供に楽をさせようとしてはいけない。寂しい思いやつらい思いも経験してこそ人の痛みも理解できるのだ。親だって人間だから、自分の楽しみを捨ててはいけない。心のきれいな子ほどいじめられる。自分や自分の実家のことなど二の次にして家族に尽くしすぎる妻は不倫される。自己愛型社会へと進んではいけない。岡田尊司はオランダ型を参考になると書いているが、自己愛型社会が進むと力のある身勝手なものがより身勝手になっていくだけである。６人姉妹を置いて家を出ていった父親の話や5年も同棲した女性を振ってまた別の女性に乗り換え、あげく若い女性と結婚した若者を身近に見た。人間的な良心や道徳心を持っているとは思えない。畜生道に陥っているとしか思えない。自己愛型社会を忌避する唯一の道は徳のある子供たちを育てることだという。そのためには親自身が今日から、バランスのある徳ある生き方をしていくことだ。

2　子供が幼い時、父は天下の大貴人大富人と思っている

山鹿素行は『山鹿語類』の中で、「子供というものは幼い時は、父親は天下の大貴人、大富人、才知、徳行父親以上の人はいないと思っているので、視聴言動すべて父親を手本としているものである。それゆえ父母自身がその身を修め慎まなくては、子供に求めることはできない」としている。しかしその時間は過ぎてしまったらもう後の祭り。子供の目はやがて友達に、先生に、先輩にと向かってしまう。お父さんお母さん大好きでいてくれる時間にしっかりと心の絆をつかんで、尊敬されるべき時間を逃さない。

日本の民法の大原則は信義誠実を旨とする。性善説に則って長い間暮らしてきた。実際他人を信じることのできる社会の方が社会の富は増えていくそうだ。逆に人を信じられない社会は貧困化に向か

う。長期の投資を可能にするのは、互いを信じあえる社会だから。幼い時に親との心の絆が結べないような不幸な家庭が多くなると、信頼気質の発達が妨げられ、社会全体が性悪説に基づくものとなってしまう。子どもが幼い時に、その安全と無邪気さを護り、親としての責任を果たしていくことは社会全体への大いなる貢献となっていくのだ。日本の海に護られた縄文時代1万年とも1万5000年ともいわれる平和な時代は無邪気で穏やかな家庭生活と信頼関係を育て、高潔な人を育ててきたと言える。

グローバリズムの大波に翻弄され、日本の良いところを失わされてきた150年であったが、親がまず子供たちの信頼にこたえ、高潔な生き方をすることで、信義誠実の社会を取り戻していきたいものである。

3

才徳は後世の益、富は一世の養いなれば、徳をもって人を養うものは万代の不易にしてその功尽きざるものなり、富をもって人を救うもの、眼前しばしの養いなり

『農家訓』山名文成の言葉である。「上下の隔てなきは才徳の道なり」とも書いているが、身分、貧富の隔てなく、誰もが才徳を高め、人の道を究めていけると。さらに、その才徳の道こそが子孫の幸せにつながるという。お金は墓場にまで持ってはいけない。世の中の良い身分だとか、金持ちだとか言うのもご先祖様のだれかが頑張って富を蓄えてくれただけなのに、子孫がその背中におぶさって、傲慢にもさらにその資産を増やそうと私利私欲を働かせることになる。金持ちがさらに金持ちになるようなシステムを作ってしまう。人間は生まれてくる時代や社会や家族を選ぶことはできない。生まれてみたらその父母であり、その家族であり、その国民であり、その時代だった。そして才能児ＧＩＦＴＥＤは人種、貧富の差関係なく生まれてくるものなのだ。日本人的に考えれば、誰もが天命を持ち世の中での仕事をするために生まれてきている。生まれた家によって人生のスタートに大きな差があっては、人類の大きな損失になる。誰もが持てる才能を発揮できる社会にしていくことがその社会の利益を最大にしていく。トップ26人の資産と下位38億人の資産が同じだなんて全くおかしい。人間の価値にそれほどの大きな差があるとは思えない。５０００年前の古代エジプト人のパピルスにも「賢い言葉は緑の宝石より珍しい。しかしそれを人は、石臼をひく貧しい少女の口からも聞くことができる」と書かれている。吉川英治は「資産をため込むのは優秀な侍を牢やに閉じ込めてしまうようなもので、金は天下の回り物、天下に回さなければ意味がない」と書いていた。

そして「過度な文化の爛熟と一部の繁栄には必ずその下にそれだけの奴隷力があえいでいる」と。日本には「経世済民」という言葉があり、世を治め、人民を救うことが徳ある為政者であると考えられている。そして福沢諭吉も「人を束縛して一人心配を求めるよりも、人を放ちて共に苦楽をともにすべし」と書いている。拝金教に心を奪われず、それぞれがお互いを尊重しあい、生かしあい、切磋琢磨して人格を磨いていくことこそが人間らしい学びであり、暮らしではないだろうか。かつて日本には、「1000年も前から、学校という観念を持った文化があり、サムライをより良きサムライ、百姓をより良き百姓、商人をより良き商人にするための教育の場があった。そして、物を学んだこと自体に喜びを感じる人間をつくり、教育されて自分の得た知識を生かして仕事をすること自体に満足感が得られる人間をつくることが教育の目的であるという思想が伝統社会においてしっかりと固まっていて、そして広く行き渡っている国は幸せである」と『江戸時代の教育』でドーアが書いている。富を得るための手段としての学びはその一代の益にしかならない。才徳を高めて後世の益にしていくような本当の学びを実現していたのだ。西洋の文化文明を学ぶことに必死となっておよそ150年、日本は幸せになったと言えるだろうか。幕末にあれほど世界一子供たちが幸せな国と言われていた日本をもう一度見直してみることも大切なのではないだろうか。

罪なき人たちを一度に大量に殺してしまうようなものを作るのは学問とは言えない。子孫にどんな影響が出るかわからないものを創り出すのは間違っている。原爆だとか、原発だとか、農薬だとか、遺伝子組み換えだとか、人工授精だとか、不自然なことは子孫に対して大いなる罪である。世のため人のためこそ学ぶ甲斐がある。たとえばトルストイも「科学者はしょせんすべてを研究し尽くすことはできないのに科学者にとって必要で愉快なことだけを研究しているだけで、彼らにとって一番必要なのは彼らにとって有利な現在の体制であり、彼らにとって愉快なのは空虚な知識欲の満足である」そして本当の叡智とは人間がいかに善く生きるかについての知識であると。今話題のＰＣＲ検査法を発明したマリス博士も現代の科学万能の時代に苦言を呈する。「科学シンポジウムを企画し、マスコミに話題を提供することでリッチなサラリーを受け取っている人たちがいる。彼らは私たちや政治家に差し迫った問題があると騒ぎ立て、それが国家事業によって防御しうると主張する。政治家がそれに向けて行動するよう啓蒙する」科学と名がつけば、すべて正しいような風潮を憂えている。また現代はＡＩやビッグデータ万能のような社会を無理繰りに作り出そうとしている。邪悪でないを社是とすると掲げたグーグルであるが、その舌の先も乾かぬうちに『GAFA』によってその目的は金もうけに過ぎないとすっぱ抜かれた。キャシー・オニールもAIやビッグデータは公平に思えるようだが、恣意的だし、ベールに隠された部分がたくさんあるという。そこに信義誠実というより、誰かの利益を確保していくベールがある。西洋文明や科学という名の学問、テレビやマスコミ、映像文化やインターネットの陰に潜む私利私欲、不公正、残虐非道に気づかずに教え学ぶ道が単なる点取り、知識の注入になってしまって日本の漂流が始まった。何もかも西洋流が良いのではない。富を求めるよりも才徳を高めることを大切にしていた民族の伝統歴史文化を思い出すことは人類にとっても大いなる貢献になるのではないだろうか。

4　百尺の松も一寸の時を良く養いて千年の青き操を表し、七尺の人も一尺の時を良く養いえて百年の寿を保つ

1703年『小児必要養育草』を書いた香月牛山は「およそ30mの松も3cmの幼木の時を良く養って初めて千年にも及ぶ青き命を結ぶ。人間も赤ちゃんの時を良く養ってこそ百年の寿を永らえることを良く知るべし」と幼い時の教育こそ大事と書いている。三つ子の魂百までもとはかなりの真実をついているのではなかろうか。せっかくの子育ての大切な時間を他のだれかに渡すのはもったいない、自分で育てられる幸せを投げ捨てないでほしい。桜の幼木もあまりに早く森に移植するとその後の成長がよくないといわれる。幼い時は細心の注意を払って大切に育て、少しずつ様子を見ながら外に出していくことは繊細でか弱いからこそ可能性無限大の人間存在の欠

くべからざる配慮である。児童虐待の事件報道で児童養護施設の不備ばかり問う声が多いが、まずは家庭で安心してゆったり責任をもって子育てできるよう、親の経済的安定と親育てこそ求められるべきではないか。給料を倍にして、税金を半分にする。税金を増やすのは上から目線の官許官許を増やすだけである。『ローマ人の物語』の中で塩野七生は「重税はもっとも愚かな政策である」と書いている。本居宣長は『玉くしげ』の中で、古代、年貢は収穫の20分の一、せいぜい10分の一で済んだのに戦国時代に朝廷と武家双方に取られるようになって五公五民のような酷税になり、貧富の差が広がったと。人々が自由に安心して無邪気に生きることができれば、少子化問題なんて政策云々関係なく家庭を持ち子育てするものである。子どもはやはりかわいいいものだから。

5　教え諭すこと早かれざれば、内嗜好のため陥弱せられ、外流俗に誘惑される

幼い時の教育が遅くなると、成長して本人の好き嫌いのためにやるべきこともできず、強く生きることができず、世の中の流行に流されやすくなる。勝手気ままにすることは決して本人のためにならない。やがて兄弟姉妹、友人たち、親にも嫌われることになる。これは日本のサムライ精神の真逆である。教え導かれセルフコントロール力を極限まで鍛え上げることがサムライ精神ということかもしれない。勝手気ままは自分のことしか考えず、私利私欲の塊となっていく。サムライ精神が利他主義であることを考えると社会のためにもならない。貝原益軒の『世俗童子訓』にある金言である。

気ままに育てるということは、自分の好き嫌いだけが判断の基準

となり、人を思いやるとか、世のため人のためという発想が無くなる。流行に流され、それが良いことだと信じる。自然界、特に腸内細菌は善玉細菌と悪玉細菌があり、ほとんどは日和見細菌で、善玉が多ければ日和見もそちらになびいて健康になるが、悪玉が多くなると日和見もそちらになびくので一気に健康が損なわれるという。人間社会も同じような気がする。セルフコントロール力のある善玉が減ると気分次第流行次第の日和見は一気に社会を悪の方向へ流してしまう。親の果たすべきことはただ体を大きくするだけでなく、善き心、鋭い頭脳、健康な身体への配慮であるが、現代社会の忙しさや欲望肯定の現状が親業を難しくしている。かつてトルストイは「人間の完成度はその個我からの脱却の度合いによって計られる。我々が個我から脱却すればするほど我々の人間としての完成度は高くなる」と書いていた。150年前まで、武士道として文武に励み、信義誠実を旨として国を護ってきたサムライたちは人間としての理想を目指して生きていた。今の子供たちはゲームに夢中で、勉強だけはするかもしれないが、どんどん冷たくなってきている。勉強さえできればと心と体の鍛錬を忘れて失うものは親子それぞれにとって大きい。

6　人の親の心は闇にあらねども、子を思う道に迷いぬるかな

一生懸命育ててきた子供が思春期になって反抗的になると「親の心開いて見せることができれば」と思うほど悩まされる。「人の親の子を思うより優りて　深き心なかるべし」ともいわれるほど親というのは給料をもらえるわけでもなければ年金をもらえるわけでもないのに命を懸けて子供を産み育てる。自分が年を取るのも忘れて子供のことを思っているものであると森鴎外は『半日』という作品の中で描いている。必死に育ててきた我が子の理解できない言動に接したつらさはそうなった者にしかわからない。江戸時代末期、「子は三界の首枷」なる言葉が出てきて親は子を思う心に引かれて終生自由を束縛されると嘆く親もいた。子供は思春期以降「世の風に吹かれて思うことの種になる」と大原幽学は書いているが、子育ては家

庭だけではできない。社会の風に強い影響を受ける。その時代の風は、親の覚悟だけでは対応できない。社会をよりよくしていく努力が求められる。

7　嘘を言うな、弱い者いじめをするな、文武に励め

薩摩藩の藩士子弟への約束事がこの「嘘を言うな、弱い者いじめをするな、文武に励め」であったという。文明とは正義が実行されることであろうと弱肉強食の植民地主義を実行する西洋諸国の本質を見抜いた西郷隆盛の正義感、直観力はこの教えゆえであろう。先進国とされる西洋諸国が口で言うのとは裏腹に弱肉強食で世界中を荒らしまわっていることに気づき、反対し、戦ったのはサムライ魂であった。これからの子育ては世界中でこの言葉を合言葉にしていこう。日本の理想を世界の理想にしていけば、平和の輪を結んでいけるのではないだろうか。お金を持つ人たちが社会の根幹を支配できるという資本主義システムをいつまでも支えるのはやめよう。圧倒的多数は資本など持たず、正直に次世代を育てる日々を過ごして

いるのだ。金持ち最高、道徳最低の世の中ではなく、道徳最高、強欲最低という未来社会を子供たちのために支えていきたいものだ。そのための第一歩は、うそは言わない、弱い者いじめはしない、文武に励む子供たちを育てていくことである。

七　どんな困難があっても子供は立派に育てたい、育つ！

1　家族の幸せは父親次第、だからこそ

母が孤軍奮闘してもやはり父親にはかなわないことがある。父親だからこそできることはまず、妻を愛して母親としての心を安定させてあげること、子供には社会の掟を教えること。この父親の存在が子供たちや母親たちを安心させ、次世代への深く広い根っこを育てる。家族の幸せは父親次第といわれるのはまことにその通り。男たちが父性を放棄し始めたときから母親受難の時代が始まった。厳しい父親がいればこそ優しい母親がいて子供たちの心に厳しい雄々しい心と優しい暖かい心が育つ。優しい母親を演じることができた時代がうらやましい。江戸時代末期、青年たちに熱狂的に読まれた『日本外史』を書いた頼山陽は次のように書いている。「子供はやはり、御父上のように鬼になって育てなければいけない。しかし私の

今日あるのは父上の峻厳な教育のほかにどこまでも許してくださる母の慈愛がございました。そして世の中に自分を叱ってくれる者のいないことほど寂しいものはありません。人間は絶えず、自分で自分を鞭打つことは致しますが、自分の力では醒めぬことがございます」と父親の厳しさを感謝している。『パルモア病院日記』の三宅廉も次のように戦後の家庭教育の乱れを警告している。「父親は仕事で多忙、子育ては母親任せ。自我が勢い良く伸びる幼児期や少年期になると子供は母親以上のものを求める。5歳くらいから前頭葉の働きが活発になるから。後頭葉の五感、愛や信頼優しさなどはみんな母親が形成したが、勇気、決断、創造、人間性などは前頭葉が要求し、それを与える役目は父親だ。両方が相まって子供は育つ」なのに今や父親が子供に媚びて嫌われたくないからと叱ることも母親任せとなっている。表と裏があり、日向と日影があり、オスとメスがあるように、両方あってこその存在なのだ。片方だけではやじろべえのように不安定で子供たちの心は満たされない。もしも子育ては妻任せと考えている夫がいるなら、このくだりを読んでもらって、どうか心を一つにして健やかな子育てをしようと話し合ってくださ い。ご先祖様は父親こそが先頭に立って子育ての責任と喜びを家族と分かち合ってきたのだと思い出してもらってください。「われら武門は百難苦戦を真っ向からかぶって進みゆくとも、民の婦女老幼は生々と生き楽しませつつ連れ歩みたいものよ」とは吉川英治の『新太閤記』の中の言葉である。

かつての父親の厳しさに対して、現代の父親の友達パパぶりは健やかな子育てに影を投げかけている。父親という存在は一族の存続や共同体の維持に対して強い責任と義務があったから、近寄りがたい威厳を伴っていた。湯川秀樹さんも父親は怖くてたまらなかったと書いている。岡田尊司は『父という病』の中で、それが子供の自立心や主体性を育むという。しかし父親が子供に好かれたいと媚びていたのでは、子どもは自立できない。小さい頃から受容的でありすぎ子どもにブレーキしないのは、父親は無力で情けない存在となるだけで、子どもは失望し、子の心の発達をゆがめる。父親の抑止機能が子供のセルフコントロール力を生む。子どもにやりたい放題を許すより一定の制限をかけた方が成長に望ましいと。父親というのは子供に反対し否を唱える存在であり、制限や試練を与え、不足や不自由、困難を生むことで子供を社会に通用する人間にしていくものなのであると。

また男尊女子とかいって、これまでの日本の女性が男を立ててきたことを恥じる女性たちもいる。しかしかつての日本の夫婦はお互いを尊重するからこそ、女は男を立て、男は稼ぎを女に渡し、家庭を護ってきたのだ。お互いに敬意を表してきたのだ。杉本鉞子の『武士の娘』では、明治の初めにアメリカに渡った日本女性から見るとアメリカの女性たちは家計をすべて夫に握られ、何を買うにも夫の許可を必要として、自由とは言えない。その点日本の夫婦は夫を立てながら、家計は妻の采配に任され、お互いを尊敬しあえる関係だと書いている。日本の若い人たちが何もかも舶来が良いのだと勘違いして日本の良さを捨て去るのは惜しいことだ。夫婦こそが社会の信義誠実の基礎をなす関係である。西洋のように夫が家計をすべて握ることは、妻を女中だと勘違いしていることではないだろうか。

2　子供らしい遊びをさせたい、今できること

人間だって自然の一部なのだから、子供たちにはなるべく自然と触れ合いを持って遊ばせたい。頭を使う人ほど気を付けて自然に触れ合わないと精神のバランスを崩しやすいと言われるが、子供たちの心を癒してくれる最大のものは自然なのだ。多少のことがあっても子供たちは自然の中で癒される。これほどに車社会になり、都市部に集中して人が住むようになったのもわずか半世紀前のことなのだから、自然には努めて触れ合えるよう大人たちは配慮したい。ゲームは一瞬便利そうだが、子供たちの五感を研ぎ澄ますこともなく、ただ次々と次はどうなるという強迫観念だけが押し寄せる。人の心が少しずつやわらいだり、琴線が研ぎ澄まされたり、仲間と心が触れ合ったり、大人の手助けをして喜ばれるうれしさを味わったりが

ない。ただ画面と向き合うだけだ。「ハイテクの時代に育つ子供は、これまで以上にローテクの環境を必要とする」とは『滅びゆく思考力』の訳者西村辯作の言である。どうか子供たちのゴールデンタイムを人間らしい興味と探求心で満たしてあげてほしい。それは大人の努力でできることだ。ただお金を費やして子供たちの時間を空費させないでほしい。一緒に山に登ったり、ボール投げをしたり、キャンプをしたり、ただ一緒に歩くだけでもいい、公園に行って鉄棒にぶら下がるだけでもいい。どうか子供の心と体にしっかり向き合ってほしい。自然は圧倒的に強い力で子供たちに様々なことを学ばせてくれる。映像文化には本物はない。本物のオーラこそが心に響く。自然こそが大いなる学びの場であり、癒しの場なのだ。そしてそこからこそ、本当に人間らしい発想と行動力を培い、ＡＩに踊らされない、人間が確かな制御力を持つ社会を創っていける。このまま考えない人間を増やしてしまうとＡＩに指示監督されて人が働くようになってしまう。それは本末転倒、人こそが考え、工夫してＡＩを使い倒すべきなのだ。

3　正義感の総量を増やすために、一日一善、母こそ命を守る、環境を守る

こうして住みやすいといわれる国に住んでいるのはひとえに先人たちの苦労のたまもの。善き生き方をするように、商人も町人も農民も武士たちもそれぞれが公平であれ、誠実であれと努力してきたからこそ、今の治安のよい国柄がある。鍵をかけずとも暮らせた国柄だったのだ。暮らしやすい国があってこそ、人々の安心がある。暮らしやすさとはその国の正義感、思いやりの総量の結果だろう。こうして先人が必死に積み上げてきた治安のよい社会に移民をどんどん受け入れ、留学生たちに優先的に学費無料、生活費援助をして外国人を受け入れていくのは誰がどのような理由で決めたのだろう。日本の学生たちは銭湯に行くのも節約し、素うどんを食べて貧窮し

ているというのに。私たちはただ自分一人で生きているのではない。これまでの先人たちの先祖代々からの感覚の集積なのだとラフカディオ・ハーンは書いている。ヨーロッパもアメリカも移民問題から起こる混乱に苦しんでいる。地産地消が推奨されるように、人もそれぞれが自分の国を良くしていくよう努力するべきではないだろうか。災害大国日本で、災害に対して毅然と整然と対処できてきたのはこれまでのご先祖様からの道徳心の集積があったから。今後、大災害が起こった時にこれまでの秩序を守って国の安全を保てるだろうか。より安い賃金で働く人を国に導き入れることで、国内の若者たちの賃金をさらに低くしてしまう愚は社会的にも歴史的にも恐ろしい結果しか導かないことは西洋の国々がすでに経験している。

母たちはこれまでの先人のご恩を感じつつさらに正義感の総量を増やすためにそれぞれの場で一日一善を実行していこう。そして母こそが命を守るために自然のものを食べ、自然を汚さないように不自然なものを環境に流さない。食品汚染を許さず、環境汚染を許さない。便利は怖い。『武士の娘』を書いた杉本鉞子さんは明治初期、アメリカでの生活でせっけんを使うことすら海を汚さないかとためらっていた。日本では灰でこするだけだったのにと。生態系を乱さない。体の自然な成長を乱さない食生活を準備しよう。努力は報われるが、怠惰は報いを受ける。万物の霊長としての責任ある生き方をしていくのが人としての務めである。私利私欲をそのままにしては地球が壊されてしまう。

4　食べ物、家、服装、情報、文化、まがい物にごまかされない、本物をつかむ

　戦後の混乱で何もかも一から出直してその場しのぎで頑張ってきたゆえか、しばらくはまがい物だらけであった。日本酒も不自然な味がしたたし、家は合成建材ばかりで不自然な臭いがして身体を壊す人もいる。服も自然素材１００％を着れるようになったのはほんの30年前のこと。合成繊維は本物感がなく静電気が起きて着にくかった。日本の着物文化や日本画も鑑賞できる美術館はほとんどない。近代美術館だけはどの県にも必ずあり、説明されなければ何を描いてあるのかわからないような奇妙な絵ばかりで気分が悪くなる。美は言語での説明はいらない。美しいものは美しいと子供でも分かる。戦後あらゆるものが１８０度変わったといわれるが戦前を知らない

私たちは子供たちに伝えるべき日本文化を知らない。かろうじて日本料理にはその真髄がこもっていて世界のセレブには愛されているらしい。本物、できるだけたくさんの素材、それらをできるだけその素材を生かしてシンプルに料理して美しく食す。日本の農家さんも常に新しい品種への研究を怠らず、美味しく多品種を育ててくれている。しかしその食材も世界の流れに逆行して、遺伝子組み換えを導入し、農薬使用の制限を緩和し、危険な様相を呈してきているらしい。酪農のための飼料のほとんどは輸入で、アメリカの製薬会社の製品の半分はその飼料に入っているという。世界一健康的で美しい日本食の食材が汚染されつつある。なぜか先進国の中で日本だけがガン死が減らず、人工授精による出産が増えている。母たちは本物を見極め、求める核になろう。日本酒はようやく各地でそれぞれの伝統を生かして本物の日本酒を造ってくれるようになった。興味関心と探求心の豊かな日本民族は明治維新以降、西洋文化に翻弄されてきた。人種差別や植民地主義に反対して戦ったけれど惜しくも敗戦の憂き目にあい、多くの強く勇気ある青年たちの命が失われた。相変わらず日本のサムライ精神への攻撃は続けられ、本物の日本男子が減ってきている。女装する芸人がちやほやされたり、お笑いを職業とすることを目指す若者が増えてきたりしている。かつて日本人は笑われることは最も屈辱的なことであったはず。誇り高き日本のサムライを絶滅させ、根無し草のようなかよわい中性的な男を増やしているのは無念である。せめて女たちは本物を失わず、大和なでしこたる母心で本物の日本人を育てていこう。願わくば自然の中で地元のものを食べ、添加物のない食材を用いて料理し、本物に囲まれて暮らしたい。そういう中でこそ本物、本質を見極める直観力や創造力、共感力が育つ。ＡＩは金儲けや世界覇権を握るための人心掌握、世論操作に使うのではなく、人間性を損なうような単純労働や危険な仕事を任せるべきだ。人間本来の人間らしい発想力、探求心を発揮できる場こそ若者たちに用意し、一人一人の能力を生かしあう社会にしていくときである。

5　金優先の社会より人の人たる心を育てる、信義誠実の泉は家庭

道徳心よりも金が優先する社会になってきて、金さえ出せば手に入れられないものはないなどと豪語する社長や、欧米の真似をして高額年収をもらう社長が出たりしている。お客様は神様ですなどというセリフは不謹慎極まりない。日本人にとって神様とは八百万の神様、この自然界すべてが神様であり、お天道様に恥じない生き方をするものであった。日本人の心性を壊しつつあるものに「赤信号、みんなで渡れば怖くない」「渡る世間は鬼ばかり」これは子供たちや若者の心を励まさない。むしろ悲しくなる。正しいことを実行するのが尊敬すべきサムライであったし、渡る世間に鬼はないと世の中へ出ていく若者を励ましてきたはず。お国のために命まで捧げて戦

ってくれた兵隊さんたちに感謝することなく非をすべて彼らになすりつけた東京裁判やマスコミにすっかり歴史を塗りこめられている。世界を植民地主義で荒らしまわってきた人たちこそ人類への罪、平和への罪が問われるべきだろう。むしろ言いなりになって日本の歴史を誹謗中傷をしている文化人がいる。人の人たる心を育てなければ、私利私欲の塊の金優先、自分さえよければ、今さえよければという自己愛型社会になってしまう。自己愛型社会の宗教は拝金主義であるそうだ。そして共同体よりも個人に価値を置く社会は殺人よりも自殺が多くなるという。実際先進国で一番自殺率が高いのが日本であり、中でも若者の自殺が多い。これを見て見ぬふりはできない。大切に育てた我が子が世の中に絶望しなくてよいように私たちは世の風にも気を配ろう。世の中で一番大切なことは私利私欲を知らない子供の心に学ぶことであると先人たちはわかっていた。そうして世界で最も道徳的な国民性を培ってきたのだ。

最近になって「群れ知能」の神秘などという記事が新聞に載ったが、弱きもの、小さきものが集団で自分たちを護ろうとするのは自然なことだろう。小さな国日本でそれぞれが勝手に自分の利益ばかり優先していたら、大国に飲み込まれてしまう。人々が無邪気に自然を愛し、子どもたちを愛してきた歴史伝統文化を護るためにも子育てを見直し、わが身の生き方を見直していこう。

6　理想的子育て環境でなくても、艱難汝を玉にす、子供自身の力を信じる

この間、駅の広場に置かれたピアノを弾いていく人たちのＴＶ番組があった。一人の建設現場労働者は捨て子で、孤児院で育ったそうだ。先輩にピアノを教えてもらい、今では自分も子どもたちにピアノを教えている、人の役に立ててうれしいと話していた。決して理想的環境で育ったわけではないのに、人の役に立とうという気高い心に感動した。かつて迷子の子供を救ったボランティアの尾畑春夫さんのニュースに、あんな大人になりたいと小学生が話していた。完璧な子育て環境でなくても、親がなくても、立派な志をもって生きる人はいる。子供自身の中に強い力がある。私たちは親としてとかく環境を整えようとか、将来の有利な学歴確保のために勉強させ

しておけばと考えがちだが、まずは人として真面目に精いっぱい生きることで子供たちは人間らしさを学んでいくのではないだろうか。高学歴でも冷たい子供に育ってしまったら、親だけでなく、社会も寂しいことになる。社会のリーダーたる人こそが暖かな心と志を持っていてほしいのだから。多少の苦労は踏んでこそ、お互いさまとお蔭さまの気持ちがわかる。

戦争が終わって一気に高度成長を経て右肩上がりの変化に多くのものを得たが、多くを失った。物にはあふれたが、心模様はどうだろう。ボロは着てても心は錦と歌っていたころが懐かしい。『人は見た目が9割』などという書物が出て、外面さえ整えれば良しとする若者が増えたか、おしゃれないでたちの人が増えた。かつて日本の若者は文武に励み、自らの心と体を鍛え上げてきた。乃木希典は寒いというと父親に井戸に連れていかれ冷たい水を頭からかけられたという。皇太子の教育係をされたときには、寒いなら駆け回って体を温めるように、雨だからと馬車で行くのではなく、レインコートを着て歩いて登校するようにと促したという。物が豊かにあふれるようになって、母たちは子供たちを厳しく励ましてきただろうか。甘やかして少しでも子供の楽になるように自らが身を粉にして働いてきたのではないだろうか。そうした先には、母親を奴隷としか思わないような傲慢不遜な親不孝息子が育つだけである。艱難汝を玉にす、これはやはり本当だと思う。若い時の苦労は買ってでもするようにというのは本当だと思う。昭和35年ころまでは、定時制の学生たちは大変まじめで意欲的で優秀だったという。やがて物があふれるようになると学ぶ姿勢が激変したという。豊かさは人間を堕落させるのだろうか。いつまでも子どもをかばってばかりいてはいけない。むしろ貧窮は人間を鍛える。自立の時を迎えたら、多少の困難は本人の力を信じて任せよう。

7　守るときは敢然と護り、独り立ちの時は静かに去り、そして次の世代の応援へ

桜も幼木を早めに森に移すとその後の成長がよくないという。幼い時はしっかり守り、いざ子供が独立するときは静かにその座を友人たちや先輩、師に譲り、シニアとなったら次世代のためにやり残した仕事をしていこう。それまで培った知識や経験は次世代に伝えていこう。かつて武士や大名の子弟たちは寺に修行に出されていたが、江戸時代寺子屋が全国津々浦々にできて町民や農民の子供たちの学び舎が広がったように、シニアたちの専門をどんどん寺子屋学習で教えていこう。人口の8割が都市部にすむようになって地方が荒んできたという。人間の身体も全身に血液がよく回ってこそ健康というもの、地方を荒れ果てさせてしまってはいけない。還暦まで

生きれたことを感謝して、田舎住まいを始めて夏休みに孫たちが帰れる場を作ろう。なんとしても食料自給、農薬に頼らない健康な農産物をせめて孫たちに食べさせよう。情報産業で働く人たちもいずれ定年が来る。その時にその頭脳を今こそ日本の若者たちのために生かしてほしい。コマーシャリズムに侵されていない検索エンジンを創ってほしい。インターネットは初めずいぶん便利なものができたものと思ったが、どうにも怪しい。私利私欲と世界の覇権を握るための情報操作の道具と化してきている。私利私欲の道具ではなく、本当に考えを深める道具、直接民主制のための情報提供やその手段となるような検索エンジンを創ってほしい。そうすればますます日本語を学びたい人も増える。日本語の中に、平和的な和の思想が宿っている。特攻の若者たちが１００年後の日本の若者たちが肩で風切って世界を歩けるようにと体当たりしていった思いをつないで、人間らしい世界へと貢献する国にしていこう。世界中が和をもって尊しとするをモットーにしたら本当の平和な地球になる。

終わりに

最後まで読んでいただきありがとうございます。

「幼年にして貞順を学び、壮にして行い、老年に教える、そうすれば50年もすれば君子国となるべし」と江戸時代熊沢蕃山が書いていた。敗戦後、すべてを壊され、歴史を忘れさせられ、自分さえよければの風潮にさせられておよそ75年、明治維新から考えたら約150年の長きにわたって、日本文化が変質してきた。聖徳太子の言うように、新たな文化と遭遇した時、排除ではなく、学ぶことでより良くなると言ったが、橋本左内が案じていたように、日本文化を忘れてはいけない。日本は日本の風土の中で日本らしい文化文明を築いてきたのだ。子育ての知恵を思い出し、一人一人が良き行いと善き心を育てていけば、法律はいらない。日本人は自分自身で自裁することを誇りとしてきたのだ。

本書は2男2女4人の子育てを終え、若い人たちに伝えておきたい子育ての知恵を伝授するために書いた。上二人は医者になり、次男はＩＴ系企業に就職し、次女は大学院で学んでいる。ほぼ子育てを終えたシニアにも若い人たちを応援してほしいと願って書いた。いつもどの世代も一からスタートでは、進化しない。『子育て好きにすればいい』ではいずれ親も子も好きにできなくなる。自由は努力の末に勝ち取るもの、好き放題ではいずれにっちもさっちもいかなくなる。努力は報われるが怠惰は報いを受けるのだ。子育ては待ったがきかないし、やり直しもできないから、その知恵は伝えておかなければならない。ちょっと間違えたかなと苦い涙を流したことも次の世代への勉強になる。この涙も次の世代へと生かせればそこで一つ人類への貢献になる。ただ一つの地球を大切に守り抜き平和を実現するためには母たちの心意気が頼みの綱である。私利私欲がこれ以上世界に蔓延したら人類はまたしても中世のような動きのない、凍ったような世界に生きねばならない。一人一人の良さを存分に発揮できるような理想の世界は一人一人を良く育てることで可能になる。勉学だけが人のものさしではない。金だけがすべてではない。私利私欲などは恥ずかしいこととしていた文化だった。人間らしい心を尊重する社会を日本はかつてめざし、実現しつつあった。

ただこれからは「仁に過ぎれば弱くなる。義に過ぎれば固くなる。礼に過ぎればへつらいとなる。智に過ぎればうそをつく。信に過ぎれば損をする」という伊達政宗の言葉も胸に刻んでバランスある人を育てていく必要があるのかもしれない。日本の伝統、文化、歴史を知り、世界に伝えていくことが世界平和への道である。およそ500年の間に世界中に拝金主義が蔓延し、自己愛が増殖し、力なきもの、目に見えないもの、自然の神秘を無きものとして強きを助け、弱きを挫いてきた。日本の先人たちの理想の真逆である。どうか先人のバトンを拾い、生きとし生けるものすべてに意味があり、価値があるという世界にしていく子育てを実践していこう。

「精魂を　込めて甲斐ある　親子道」であるように。

参考文献

『子育ての書』山住正巳、中江和枝　１９７６年初版、１９９２年第11刷　平凡社
『江戸時代の教育』Ｒ・Ｐドーア　昭和45年　岩波書店
『文化と人間形成』源了圓　昭和57年　第一法規出版
『江戸の読書熱』鈴木俊幸　２００７年　平凡社
『文化史としての教育思想史』沼田裕之・加藤守通　２０００年　福村出版
『子供、地球21世紀への旅立ち』科学技術庁資源調査委員会　昭和63年　大蔵省印刷局
『自己愛型社会』岡田尊司　２００５年　平凡社
『脳内汚染からの脱出』岡田尊司　２００７年　文芸春秋
『早教育と天才』木村久一　１９７７年第１刷　１９９８年第８刷　玉川大学出版部
『学問のすすめ』福沢諭吉　１９４２年第１刷　２０００年第75刷　岩波書店
『日本の心』小泉八雲　平川祐弘編　１９９０年第１刷　２０１１年第28刷　講談社

『乃木大将と日本人』スタンレー・ウオッシュバン　目黒真澄訳　1980年第1刷　講談社
『鉄砲を捨てた日本人　日本史に学ぶ軍縮』ノエル・ペリン　川勝平太訳　1991年初版　2004年第7刷　中央公論新社
『啓発録』橋本左内　伴五十嗣郎全訳注　1982年第1刷　2011年第41刷　講談社
『ハウスワイフ2．0』エミリー・マッチャー　森嶋マリ訳　2014年　文芸春秋
『Guiding the Gifted Child』James T.Webb,Ph.Dほか　1994年　Great Potential Press
『教養が国家をつくる』E．D．ハーシュ　中村保男訳　1989年　TBSブリタニカ
『ニッポンの学校』ウイリアムK．カミングス　友田泰正訳　1980年サイマル出版会
『タイガーマザー』エイミー・チュア　2011年初版第1刷　朝日出版社
『遺伝子vsミーム』佐倉統　2001年　廣済堂出版
『父親としての森鷗外』森於菟　1969年初版　1970年初版第2刷　筑摩書房
『逝きし世の面影』渡辺京二　2005年第1刷　2011年第23刷　平凡社
『シン・ニホン』安宅和人　2020年2月20日第1刷　3月19日4刷　ニューズピックス

『今日われ生きてあり』神坂次郎　平成5年発行　平成24年第14刷　新潮文庫
『売り渡される食の安全』山田正彦　2019年8月初版　2019年9月3刷　角川新書
『日本語が世界を平和にするこれだけの理由』金谷武弘　2014年第1刷　飛鳥新社
『学校給食と子どもの健康』梶山公勇　1993年　秀英書房
『スーパーブレイン』ディーパック・チョプラ、村上和雄、大西恵理子訳　2014年5月第1刷
2014年7月第2刷　保育社
『成熟脳』黒川伊保子　平成30年1月1日発行　新潮社
『運がいいと言われる人の脳科学』黒川伊保子　平成23年12月第1刷　平成28年1月第4刷　新潮社
『遥かなるケンブリッジ』藤原正彦　平成6年発行　平成27年第24刷　新潮文庫
『ビッグデータという独裁者』マルク・デュガン、クリストフ・ラベ、鳥取絹子訳　2017年3月
初版第1刷　筑摩書房
『忘れられた子供たち』L・A・ポロク　中地克子訳　1988年2月第1版第1刷　勁草書房
『よみがえれ!思考力』ジェーン・ハーリー　西村、原訳　1996年11月初版　大修館書店

『父という病』岡田尊司　２０１４年３月初版　ポプラ社
『食べ物が劣化する日本』安田節子　２０１９年９月第１刷　２０２０年５月第３刷　食べ物通信社
『滅びゆく思考力』ジェーン・ハーリー　西村辯作、新美明夫訳　１９９２年６月初版　大修館書店
『本が死ぬところ　暴力が生まれる』バリー・サンダース　杉本卓訳　１９９８年10月初版　新曜社
『ザビエルの見た日本』ピーター・ミルワード　松本たま訳　１９９８年11月第１刷
２００７年１月第20刷　講談社
『武士の娘』杉本鉞子　１９９４年１月第１刷　２００９年６月第13刷　ちくま文庫
『旅人』湯川秀樹　昭和35年１月初版　平成元年６月64版　角川文庫
『目に見えないもの』湯川秀樹　１９７６年12月初版　２００５年６月第37版　講談社学術文庫
『愛しすぎる母親たち』カリン・ルーベンスタイン　神崎康子訳　１９９８年初版　主婦の友社
『母親を奴隷にする子供たち』ホルガー・ヴィルヴァ　高野亨子訳　２０００年初版　竹内書店
『父親としての森鴎外』森於菟　１９６９年12月初版　１９７０年４月第２刷　筑摩書房
『ベジタリアンの世界』鶴田静　１９９７年10月初版　人文書院

『若い読者のための世界史』エルンスト・H・ゴンブリッチ　中山典夫訳　平成16年12月初版
平成17年4月第4版　中央公論美術出版

著者プロフィール

静岡県出身

横浜国立大学教育学部卒業、横浜市にて小学校教員3年

ヨーロッパへ2年語学留学、イタリア、スペイン、イギリスにて大規模校、中規模校、小規模校で学ぶ

イギリスにて長女出産後帰国、小、中、高校生のための小さな家庭塾開く

夫の仕事のため、北海道に移り、4人の子育てに専念するも京大大学院へ入り直し、アメリカの才能教育、日本の子育て思想学ぶ

著書『母が願う教育ルネッサンス』(武田出版)

IQもEQも高める和の子育て
生まれくる命は全てGIFTED

二〇二一年五月八日　初版第一刷発行

著　者　石川英子
発行者　谷村勇輔
発行所　ブイツーソリューション
〒四六六・〇八四八
名古屋市昭和区長戸町四・四〇
電　話　〇五二・七九九・七三九一
FAX　〇五二・七九九・七九八四
発売元　星雲社（共同出版社・流通責任出版社）
〒一一二・〇〇〇五
東京都文京区水道一・三・三〇
電　話　〇三・三八六八・三二七五
FAX　〇三・三八六八・六五八八
印刷所　モリモト印刷

万一、落丁乱丁のある場合は送料当社負担でお取替えいたします。
ブイツーソリューション宛にお送りください。
©Hideko Ishikawa 2021 Printed in Japan
ISBN978-4-434-28919-4